Optimales Sportwissen – Lösungsbuch

Das Arbeits- und Lösungsbuch für die 6. Auflage des Lehrbuchs

Dr. Wolfgang Friedrich

Über den Autor:

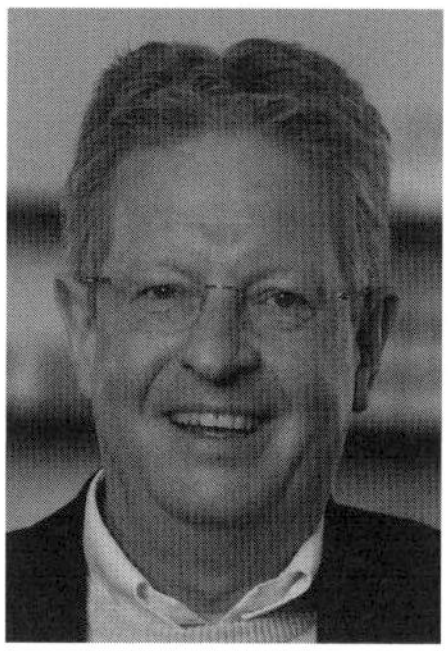

Dr. Wolfgang Friedrich ist Magister der Sportbiologie und Sportwissenschaft und Diplom-Sportlehrer. Er war Pädagogischer Leiter und Studienleiter an der Landessportschule Albstadt des Württembergischen Landessportbundes und unterrichtete dort 33 Jahre in der Traineraus- und -fortbildung. Er verfügt über langjährige Erfahrung in der Lehrerausbildung an den Universitäten Tübingen und Konstanz. Als ehemaliger Tischtennis-Bundesligaspieler war er Bundeslehrwart des DTTB und Mitglied im Science Committee der ITTF. Als Referent hat er zudem in mehreren Spitzenfachverbänden des DOSB Bundesligatrainer ausgebildet.

Weitere Fachliteratur des Autors:
* Optimales Sportwissen
* Optimales Sportwissen – Arbeitsblätter
* Fit im Schulsport – Lehrbuch
* Fit im Schulsport – Arbeitsheft
* Optimale Sporternährung

Optimales Sportwissen – Lösungsbuch

Das Arbeits- und Lösungsbuch für die 6. Auflage des Lehrbuchs

Dr. Wolfgang Friedrich

NEUER SPORTVERLAG

Neuer Sportverlag · Beim Hochwachtturm 2 · 71332 Waiblingen · www.neuersportverlag.de

Bibliografische Information der Deutschen Bibliothek
Die Deutsche Bibliothek verzeichnet diese Publikation in der Deutschen Nationalbibliografie;
detaillierte bibliografische Daten sind im Internet über http://dnb.dnb.de abrufbar.
ISBN 978-3-96416-095-9

Projektleitung: Hendrik Schulze Kalthoff, Neuer Sportverlag
Covergestaltung: Nadine Müller, Neuer Sportverlag
Layout, Satz und Bildbearbeitung: Janina Reuß, Neuer Sportverlag
Fotos: Cover Handball © Thomas Schips; Cover Gymnastik © Hans Yao; Cover Judoka © Klaus Martin
Lektorat: Irina Strohecker, Flensburg
Printed in Germany

Inhalt

Kapitel 7

Kapitel 8

Kapitel 12

Theorie und Methodik des Trainings und Trainierens

1

Frage 1:
Welche Vorteile bzw. Nachteile kann es mit sich bringen, die Trainingsmethoden von Meistern, sog. Meisterlehren (Deutscher Meister, Weltmeister) zu übernehmen?

Grundsätzlich erscheint es auf den ersten Blick plausibel so zu trainieren wie die Welt- oder Europameister. Um diese Erfolge erzielen zu können, müssen diese sehr viel auf dem Weg dorthin trainingsmethodisch richtig gemacht haben. Historisch gesehen war die Fragestellung für die Meisterlehren sehr praxisorientiert. Viele Erkenntnisse wurden über „Versuch und Irrtum“ gewonnen. Mit Sportwissenschaft hatte dies zu Beginn nichts zu tun, es gab sie schlicht und ergreifend noch nicht. Die Meisterlehren waren quasi die Vorläufer der modernen Trainingslehre. Es begann zunächst einmal mit den „Konditionssportarten“ wie Rudern, Schwimmen, Leicht- und Schwerathletik. Die Meisterlehren waren, wie der Name schon sagt, sehr stark personenbezogen, bekannt durch Namen wie *Holmer/Fartlek*, *Pikhala/Nurmi*, *Zatopek*/Intervalltraining. Es handelte sich um eine Phase des Ausprobierens und Kopierens ohne Beschreibungs-, Erklärungs- oder Prognosemodelle. Die Praxis verlangt keine wissenschaftliche Hilfestellung, da die kaum real existierende Wissenschaft sich (noch) nicht für den Sport interessierte. Die Meisterlehren entstanden um 1930 und erst weit nach dem 2. Weltkrieg, in den 1960er Jahren, wurden sie mehr und mehr verfeinert und durch Erkenntnisse aus der Wissenschaft weiterentwickelt. Die Meisterlehren waren damit die Vorläufer der heutigen Trainingslehre.

- Wie sich aus den Meisterlehren wissenschaftliche Theorien entwickelten, kann am Intervalltraining aufgezeigt werden. *Emil Zatopek* war vierfacher Olympiasieger in London 1948 und in Helsinki 1952. Er hatte zunächst wie alle anderen Langstreckler sein Training ausschließlich mit Dauerläufen bestritten. Er variierte diese dann so, dass er über lange Strecken abwechselnd 200 Meter schneller und langsamer gelaufen war, was man als die Geburtsstunde des Intervalltrainings bezeichnen kann. Der deutsche Leichtathletiktrainer *Woldemar Gerschler* in Freiburg hatte frühzeitig (etwa um 1930) diese Trainingsmethode übernommen. Viele Ausdauersportler begaben sich nach Freiburg, um dort nach der Intervallmethode zu trainieren. In Zusammenarbeit mit dem renommierten Freiburger Sportmediziner *Herbert Reindell* gelang es ihm, diese Methode zu verfeinern. So entstand mit physiologischer Begründung die Theorie des Intervalltrainings. Die Methode wurde von den Ruderern (Trainer: *Kurt Adam*) sowie anderen

Sportarten angewendet werden konnte. Aus der Meisterlehre entwickelte sich eine Spezielle Trainingslehre (Sportart: Laufen), dann eine Allgemeine Trainingslehre und letztendlich eine trainingswissenschaftliche Theorie.

Das Hauptproblem, dies heute noch zu tun, sind die unterschiedlichen Voraussetzungen, welche die Sportler in ihre Sportart mitbringen. Es liegen u.U. sehr unterschiedliche genetische Veranlagungen vor. Weitere Faktoren spielen dabei eine Rolle, wie z.B. Trainingsbedingungen, Lebensumstände des Sportlers, Ernährungssituation, Klima und Umwelt, psychische Faktoren und physiologische Unterschiede, persönliche Präferenzen der Trainingsgestaltung, Belastungsverträglichkeit sowie die Regenerationsfähigkeit. Training muss auf den Sportler/die Sportlerin individuell zugeschnitten sein. Einfach unreflektiert die Trainingsmethoden eines Weltmeisters zu übernehmen, macht noch lange keinen Weltmeister. Fortschritte der Trainingswissenschaft bleiben ebenfalls zum Großteil oder sogar gänzlich unberücksichtigt.

Frage 2:
Analysieren Sie Ihr eigenes Training. Wird bei Ihnen nur die Sportart selbst in jeder Trainingseinheit trainiert? Kommen auch andere Inhalte darin vor? Welche sind dies? Wie sieht die zeitliche Einteilung bzw. Aufteilung aus? Was könnten die Gründe dafür sein? Vergleichen Sie Ihre Ergebnisse mit denen Ihrer Mitschüler/innen.

Bitte beantworten Sie diese Fragen auf der Grundlage Ihrer eigenen Erfahrung. Als Orientierungsraster können u.a. dienen:

- Dreiteilung: *Einleitung* der Trainingseinheit – *Hauptteil* der Trainingseinheit – *Schlussteil* der Trainingseinheit
- Techniktraining, Koordinationstraining, Gruppentraining, individuelles Training; Differenzierung hinsichtlich: Alter, Geschlecht, Leistungsstärke psychologisches Training, taktisches Training, konditionelle Fähigkeiten (Kraft, Schnelligkeit, Ausdauer, Beweglichkeit), regenerative Maßnahmen, wettkampforientiertes Training, sport-motorische Tests, Videoanalyse: taktisch oder technisch, ...

Frage 3:
Viele sportwissenschaftliche Themen finden ihre Anwendung im praktischen Training der Sportarten/Disziplinen. Analysieren Sie, wie es mit dem Bereich der Bewegungslehre/Biomechanik in Ihrer eignen Sportart und/oder den Sportarten Ihrer Mitschüler/innen aussieht. Was können Sie dabei feststellen? Welcher Stellenwert im praktischen Training kommt diesem Bereich zu?

Beispiel Tischtennis: Im Tischtennis nimmt der Bereich der Schlagtechniken eine überragende Bedeutung ein. Manche Fachbücher bzw. die Lehrpläne des DTTB sind im Bereich der Schlagtechniken nach der funktionalen Bewegungsanalyse aufgebaut, wobei die Funktionalität erklärt wird. Begriffe wie kinematische Kette oder das Rotationsverhalten werden beschrieben und erklärt. Der Schlagverlauf einer TT-Schlagtechnik wird nach *Göhner* in Aushol-, Schlag- Balltreffpunkt- und Ausschwungphase funktional untergliedert. Bei der Technikvermittlung spielen diese Faktoren eine wichtige Rolle.

Erfahrungsgemäß tun sich Trainer eher schwer, wenn weder durch die Lehrpläne bzw. Lehrbücher noch in der Trainerausbildung solche Bereiche angesprochen wurden. Ihnen ist dann der Gewinn, den sie durch deren Anwendung erzielen können, nicht immer ganz klar. Der Bereich muss auch verständlich für die Trainer und Sportler sein und darf nicht zu wissenschaftlich-akademisch dargestellt und unterrichtet werden. Es muss für die Trainer dabei unbedingt die Praktikabilität im Blick behalten werden.

Leider zeigt es sich häufig, dass in vielen Sportarten in der C-Trainerausbildung das Thema nicht Bestandteil der Ausbildung ist. Je höher z.B. die Bedeutung der sportlichen Technik in den unterschiedlichen Sportarten/Disziplinen ist, umso höher ist i.d.R. auch die Bedeutung der Bewegungslehre/Biomechanik und sollte Bestandteil der Trainerausbildung sein.

Frage 4:
In England galt bis vor ein paar Jahren in der Fußballtrainerausbildung das Motto „Learning by doing". Viele Trainer besuchten keinerlei Ausbildungskurse, sondern schauten bei ihren Vereinstrainern ab, wie diese das Training gestalteten und führten es dann genauso durch. Wie beurteilen Sie dieses Vorgehen?

Mögliche Probleme, die auftreten können oder damit verbunden sein können: * keine oder kaum Weiterentwicklung vorhanden * unreflektierte Reproduktion * es ist bequem, man muss als Trainer nichts Neues entwickeln, sondern kann die alten Übungen/Spielformen kopieren und einfach übernehmen * Abwiegeln: „Das haben wir noch nie so gemacht" – „Das haben wir schon immer so gemacht" * es existieren Ressentiments gegenüber akademischer Trainerausbildung (Vorurteil: „Gelangweilt wie in der Schule in der Schulbank sitzen") * Skepsis gegenüber Technologie allgemein (Beispiel: „Laptoptrainer" als Schimpfwort) * wenn etwas nicht funktioniert, hat man keinen „Plan B" * es besteht die Gefahr abgehängt zu werden * man entwickelt sich auch als Trainer, als Person quasi nicht weiter * man adaptiert Verhaltensweisen, welche eigentlich nicht zu einem selbst passen * Vorurteil: „Sport ist Praxis und nicht Theorie" * man möchte nichts Neues ausprobieren aufgrund von Bedenken, damit zu scheitern * man stellt das Althergebrachte nicht in Frage, erkennt aber dadurch die Schwächen und Probleme nicht.

Praxisbeispiele

Neil Warnock und *Harry Redknapp*, ehemalige und etwas betagtere Trainer in der englischen Premiere League, machten sich noch vor wenigen Jahren öffentlich lustig über sog. „junge

Laptoptrainer", *Warnock* schlug z.B. vor, seinen Spielern über ihre Bäuche zu laufen, wenn er wissen wolle, wie gut trainiert deren Bauchmuskulatur ist. Kontrastierend dazu machten sich Sir *Alex Ferguson* und *Arsène Wenger* in ihrer gesamten jeweils 20-jährigen Trainerkarriere intensiv für die Trainerausbildung stark. Es dauerte in England bis in dieses Jahrtausend, bevor man in der Premiere League immer mehr ausländische Trainer beschäftigte, welche von einem anderen Ausbildungs- und kulturellen Hintergrund gekommen waren. Davon hat der englische Fußball letztendlich stark profitiert.

Frage 5:
Erstellen Sie für Ihre eigene Sportart ein möglichst genaues Anforderungsprofil. Begründen Sie Ihre Entscheidung anhand von praktischen Beispielen.

Praxisbeispiel 1: Leistungsstrukturmodell im Alpinen Skirennsport

Der alpine Skirennsport verlangt von seinen Fahrern aufgrund seines Anforderungsprofils eine Vielzahl an Sportmotorischen Fähigkeiten und Fertigkeiten. Die sportliche Leistung des alpinen Skirennläufers besteht darin, einen aus Toren gesetzten Kurs schnellstmöglich zu bewältigen. Man unterscheidet **4 Disziplinen**: Slalom, Riesenslalom, Super-G und Abfahrt. Beim Riesenslalom und Slalom gibt es zwei Rennen mit einer Pause von 2 bis 4 Stunden zwischen den Durchgängen. Super-G und Abfahrt bestehen aus einem Rennen. **Belastungszeiten**: Riesenslalom und Slalom ungefähr eine Minute. Super-G ca. 1,45 Minuten, Abfahrt rund 2 Minuten. Bei den Damenrennen liegen die Laufzeiten in der Regel 10 % darunter.

Bei der folgenden Beschreibung stehen Riesenslalom und Slalom der U 14 im Fokus. Leistungsbestimmende Faktoren sind:

1. Anspruchsvolle Skitechnik
2. Konditionelle Fähigkeiten (siehe Tabelle 1)

Kraftfähigkeiten	Schnelligkeitsfähigkeiten	Ausdauerfähigkeiten	Beweglichkeit
Maximalkraft	Reaktionsschnelligkeit	Kurzzeitausdauer	Gelenkbeweglichkeit
Schnellkraft	Beschleunigungsfähigkeit	Mittelzeitausdauer	
Kraftausdauer	Bewegungsschnelligkeit	Langzeitausdauer	Dehnungsfähigkeit
Reaktivkraft			

Tab. 1: Konditionelle Fähigkeiten des sportmotorischen Anforderungsprofils im alpinen Skirennlauf (mod. nach *Heering*, D. Leistungsstrukturmodell im alpinen Skirennlauf, In: Leistungssport, 4/2019, S. 35-38).

Aufgrund der speziellen Skitechnik (Carving) ergeben sich entsprechend hohe konditionelle Anforderungen an den Rennläufer. Anforderungen im **Kraftbereich**: Es treten erhebliche Kräfte bei der Bein- und Rumpfmuskulatur durch die unterschiedlich zu fahrenden Schwungradien auf. Dadurch werden die Maximalkraft- sowie Schnellkraftfähigkeiten des Skirennläufers angesprochen. Die Läufe von ca. 1 Minute Dauer verlangen zudem eine sehr gute Kraftausdauer. Die **Beweglichkeit** hat im alpinen Skirennlauf zwei Funktionen: sie ermöglich es im Bereich der unteren Extremitäten und im Rumpfbereich die Skitechnik auch in Extremsituationen zu beherrschen. Sie trägt zur Verletzungsprophylaxe bei. Das Befahren von z.T. sehr unterschiedlichem Untergrund stellt permanent sehr hohe Anforderungen an die **Koordination** über die sieben koordinativen Fähigkeiten. Eine solide **Grundlagenausdauer** ist die Basis für die Bewältigung der Wettkämpfe und Spitzenleistungen im alpinen Skirennsport. Weiterhin spielen die Umweltbedingungen und die Handlungskompetenz des Athleten eine Rolle. Ein Skirennläufer sollte eine **hohe Motivation** sowie Kenntnisse und Erfahrungen im Rennsport mitbringen. Vereinfachtes Leistungsstrukturmodell des alpinen Skirennsports:

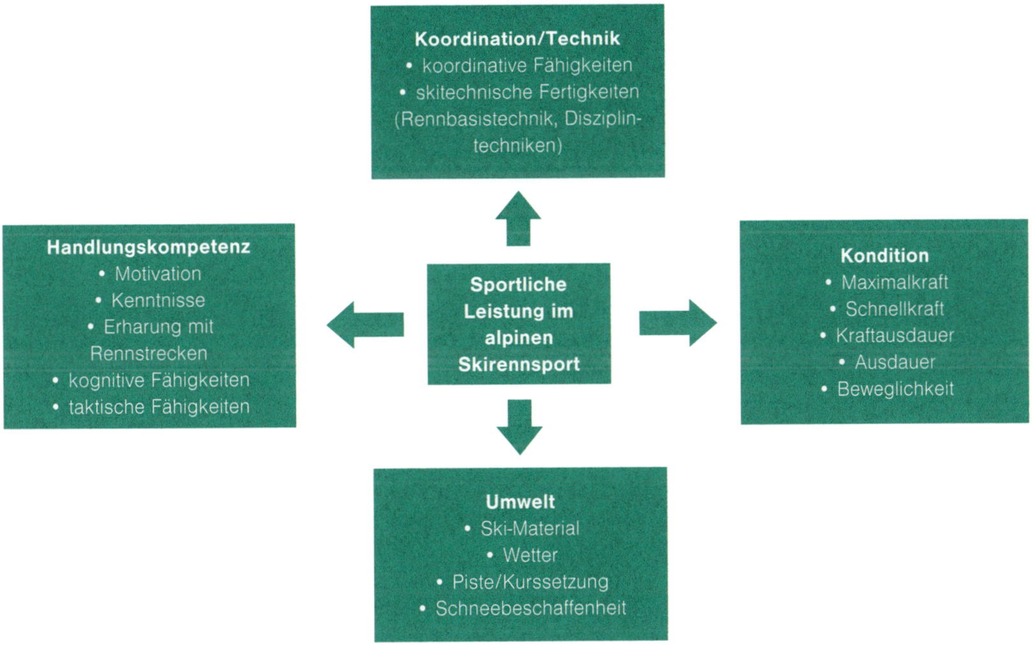

Abb. 1: Vereinfachtes Leistungsstrukturmodell im alpinen Skirennsport (mod. nach *Heering*, 2019).

Betont wird, dass insbesondere die koordinativen Fähigkeiten eine wichtige Basis bilden, da es zum Gleichgewichtserhalt in Situationen notwendig ist, die Kraft in Verbindung mit Ausdauerfähigkeit ökonomisch einzusetzen und um die Skitechnik an die sich geänderten Geländebedingungen optimal anpassen zu können. Wichtig ist zudem die Kraft im Oberkörper und den Armen sowie dem Schultermuskulaturbereich in der Startphase. Die im Schwungverlauf auftretenden Zentrifugalkräfte wirken auf Bein- und Rumpfmuskulatur und zeigen die Bedeutung von Maximalkraft und Schnellkraft auf (vgl. *Heering* 2019).

Praxisbeispiel 2: Leistungsstrukturmodell im Olympischen Boxen

Boxen ist eine Vollkontaktsportart und zählt zu den ältesten Kampfsportarten der Welt. Bei den letzten Olympischen Spielen (2012 und 2016) betrug die Kampfzeit bei den Männern 3 × 3 Minuten und bei den Frauen 4 × 2 Minuten. Die Pausenzeit zwischen den Runden beträgt immer 1 Minute. Sportlich ausgerichtete Boxkämpfe sind durch eine hochintensive intermittierende Belastung während der Runden charakterisiert, während in den Pausen keine vollständige Regeneration möglich ist.

Für eine erfolgreiche sportliche Leistung im Boxen ist eine ausgewogene Kombination der konditionellen Fähigkeiten Kraft, Schnelligkeit und Ausdauer sowie Koordination und Beweglichkeit wichtig.

Im Bereich der **Kraft** sind die Formen Schnellkraft, Kraftausdauer sowie Schnellkraftausdauer wichtig. Aus der Kombination von Schnelligkeit, Koordination, Beweglichkeit und Schnellkraft resultiert die für das Boxen wichtige Handlungsschnelligkeit.

Ausgangspunkt für die **metabolische Analyse** der Sportart Boxen ist die Wettkampfdauer. Eine Studie (2017) an 60 männlichen Elite-Amateur-Boxern ergab, dass pro Minute durchschnittlich 21 Angriffsschläge, vier Defensiv-Aktionen und 56 vertikale Hüftaktionen ausführten. Die Aktivitätsrate pro Sekunde lag bei 1,5. Das Verhältnis Aktion zu Pause (Schiedsrichterunterbrechung/Klammern) lag zwischen 3 : 1 und 16 : 1. Im Elitebereich ist die Aktion-Pause-Relation (18 : 1) doppelt so hoch wie im Anfängerbereich (9: 1), nimmt aber bei beiden signifikant über die Runden ab: erste Runde = 16 : 1, zweite Runde = 8 : 1, dritte Runde = 6 : 1). Aufgrund dieses intermittierenden Aktivitätsprofils mit kurz andauernder, aber hochintensiver explosiver Aktivität nehmen die anaeroben Energiebereitstellungsprozesse im Boxsport eine wichtige Rolle ein. Verschiedene Studien zur aeroben Ausdauer zeigen eine durchschnittliche maximale Sauerstoffaufnahmekapazität (VO2max) von 49 bis 65 ml/kg/min bei den Männern und 44 bis 52 ml/kg/min bei den Frauen. Man nimmt an, dass diese Laborwerte im Wettkampf höher liegen könnten. Mit einem mobilen Spiroergometriegerät lagen die VO2max -Werte bei männlichen Boxern über 3 x 2 Minuten Kampfzeit zwischen 61 und 66 ml/kg/min .

Die metabolische Gesamtenergie entsprach dabei 118 % der vorher ermittelten VO2max und ist ein Hinweis auf die hohe energetische Beanspruchung während eines Boxkampfes. Analysen der einzelnen Energiebereitstellungsprozesse an der Gesamtenergiebereitstellung zeigte in der Verteilung:

- **Aerobe** Energiebereitstellung: 72–86 %
- **Anaerob-alaktazide** Energiebereitstellung: 10–23 %
- **Anaerob-laktazide** Energiebereitstellung: 4–5 %

Diese Verteilung ist über den gesamten Rundenverlauf weitgehend konstant. Die aerobe Energiebreitstellung hat somit eine sehr große Bedeutung, sie dominiert über den gesamten Kampfverlauf, jedoch nie isoliert von den anderen beiden Prozessen. Vor allem sportartspezifische und leistungsentscheidende Techniken werden über den ATP-Kreatinphosphat-Zyklus, also die anaerob-alaktazide Energiegewinnung generiert.

Im Hinblick auf die **muskulären Beanspruchungen** im Boxen weisen Studien darauf hin, dass eine gut ausgebildete Schnellkraft der Beinstreckmuskulatur positiv mit einer sportartspezifischen Schlagkraft assoziiert ist. Weiterhin wurde festgestellt, dass Folgendes für die Schlagkraft essentiell ist: 1. zielgerichteter Einsatz der Arm- und Schultermuskulatur, 2. Oberkörperrotation, 3. effiziente Beinarbeit. Zusammengenommen weisen die Studien und Untersuchungen darauf hin, dass Boxen als eine Ganzkörpersportart verstanden werden muss und ein insgesamt gut ausgebildetes Muskelkorsett für den Leistungsvollzug erforderlich ist.

Für die Schlagkraftwirkung können insbesondere die Armstrecker, Rotatorenmanschette der Schulter, Brustmuskulatur, Rumpfrotatoren, Gesäßmuskulatur, Knieextensoren und Plantarflexoren als vortriebswirksame Muskelgruppen betrachtet werden. Gelenkstabilisierend wirken Armbeuger, Rückenstrecker und ischiokrurale Muskulatur. Intramuskuläres Krafttraining wird dem Hypertrophietraining vorgezogen, vor allem wegen der mit der Hypertrophie verbundenen Gewichtszunahme, welche für die Gewichtsklasseneinteilung nicht vorteilhaft erscheint (vgl. *Schmelcher* et al. Systematische Analyse des konditionellen Anforderungsprofils im Olympischen Boxen. In: Leistungssport 4/2018, S. 19–24).

Praxisbeispiel 3: Leistungsstrukturmodell im Triathlon

Triathlon setzt sich aus den klassischen Ausdauersportarten Schwimmen, Radfahren und Laufen zusammen. Die Wechsel zwischen den Disziplinen werte man als 4. Disziplin, da die Zeitnahme dabei weiterläuft. Es existieren mittlerweile 4 offizielle Streckenlängen: 1. Sprintdistanz 2. Kurzdistanz 3. Mitteldistanz 4. Langdistanz (besser bekannt als **Ironman**). Im Spitzenbereich werden ca. 1500 Trainingsstunden pro Jahr absolviert.

Die im Folgenden aufgeführten Untersuchungen umfassen eine Stichprobe von 617 Triathleten (90 Frauen und 527 Männer). Folgende Werte wurden erfasst:

- Körpergröße: 167,85 bzw. 179,23 cm
- Körpergewicht: 58,85 bzw. 73,25 kg

Tabelle der relativen maximalen Sauerstoffaufnahme (Angaben in ml/min/kg):

	Schwimmen	Radfahren	Laufen
Männer	49,9–61,2	56,5–75,9	58,2–78,5
Frauen	38,1–39,7	48,2–61,6	50,7–68,2

Tab. 2: Relatives maximales Sauerstoffaufnahmevermögen von Männern und Frauen in den drei Disziplinen des Triathlons (vgl. *Hoffmann*, *Seidel*, *Stein*, 2016).

In den ersten Studien konnte eine körperliche Ähnlichkeit zu Profiradfahrern aufgezeigt werden. Von der Körperstatur her werden Triathleten als großgewachsen, normal bis leichtgewichtig mit einem geringen Körperfettanteil beschrieben. Der Schwerpunkt der bisherigen Studien lag auf der Bestimmung der maximalen Sauerstoffaufnahmefähigkeit. Es konnte weiterhin in Studien nachgewiesen werden, dass die relativen VO_2max-Werte am ehesten denen von Schwimmern entsprechen bzw. unter denen der jeweiligen Spezialisten der Einzeldisziplinen liegen. Die Disziplinen Schwimmen und Radfahren besitzen für Triathleten eine Voraussetzungsfunktion, während der Laufleistung häufig eine siegentscheidende Funktion zukommt. Aufgrund des Ausdauercharakters der Sportart üben insbesondere die Leistungsvoraussetzungen Kraft und Ausdauer einen entscheidenden Einfluss aus.

Im Schwimmen werden durchgehend die niedrigsten relativen VO_2max-Werte gemessen, während man beim Laufen die höchsten misst. Die Werte im Radfahren liegen in der Mitte mit eindeutiger Tendenz zum Laufen. Der geringere Schwimmwert lässt sich dadurch erklären, dass ein wesentlich geringerer Anteil an Muskelmasse aktiv ist, da der Antrieb überwiegend durch die oberen Extremitäten gewährleistet wird. Beim Radfahren ergeben sich die niedrigeren Werte durch die Sitzposition, da dadurch das Körpergewicht nicht vollständig vom Athleten getragen werden muss. Die Herzfrequenz ist beim Radfahren um 5–10 Schläge/min niedriger als beim Laufen.

Triathleten weisen **Trainingsumfänge** von 2–4 Stunden Schwimmen, 6–8 Stunden Radfahren und 4–5 Stunden Laufen pro Woche auf. Sie liegen damit also zwischen 12 und 17 Stunden Training pro Woche (vgl. *Hoffmann, Seidel, Stein:* Aspekte der Leistungsstruktur in der Sportart Triathlon. In: Leistungssport, 5/2016, S. 9–13).

Praxisbeispiel 4: Rudern – Anforderungsprofil Rudern

Konditionelle Fähigkeiten

Im Rudern benötigt man im Leistungssport (nationale und internationale Elite) eine gut ausgeprägte Maximalkraft und eine sehr gut ausgeprägte Kraftausdauer, denn beide Kraftarten sind Studien zufolge für die Leistung von sehr großer Bedeutung. Mit höheren Maximalkraftwerten und hoch entwickelter Kraftausdauer lassen sich nachweislich bei Frauen und bei Männern kürzere Fahrzeiten erzielen.

Metabolische Aspekte – Energiebereitstellung im Rudern

In der Startphase (nationale und internationale Elite) können die Athleten bis zu 1200 Watt pro Schlag erzielen. Im weiteren Verlauf des Rennens werden bei einer Anzahl von 200-230 Ruderschlägen auf der 2000m-Distanz 450 - 550 Watt pro Schlag erzielt. Diese Leistung wird abhängig vom Bootstyp, Wetter, Wasserbedingungen, Geschlecht und Leistungsniveau über eine Dauer von 5,5 bis 7 Minuten erbracht. Dazu benötigt der Athlet die aerobe und die anaerobe Energiebereitstellung. Die anaerobe dabei vor allem beim Start und beim Endspurt. Bei der 2000m-Distanz werden 67 – 88% der Gesamtenergie über die aerobe Energiebereitstellung produziert sowie 12 – 33% über die anaerobe Energiebereitstellung. Laut Studien ist der Zusammenhang zwischen Ruderergometrieleistung auf die 2000m-Distanz in Watt und der aeroben Ausdauerleistung (VO_2max) signifikant. Dabei zeigen Studien VO_2max-Leistungen von 7 l/min bzw. 65 – 70ml/kg/KW bei den Männern und 4l/min bzw. 60ml/kg/KW bei den Frauen. Die Sitzposition ermöglicht Ruderern ein höheres zentrales Blutvolumen als beim Laufen woraus eine größere potenzielle Arbeitsleistung der Athleten resultiert. Sowohl das Herzschlagvolumen als auch die Herzgröße sind bei Ruderern im Vergleich zu anderen Elitesportlern am stärksten ausgeprägt. Die anaerobe Energiebereitstellung wird genaugenommen bei Start, möglichen Zwischenspurts und im Endspurt benötigt. Spitzenblutlaktatwerte von 32mmol/l eine deutliche Absenkung des pH-Wertes um bis zu 6,74 Einheiten bei Eliteruderern wurden ermittelt.

Muskuläre Beanspruchung

Der Ruderschlag ist eine zyklische Bewegung, mit 4 aufeinander aufbauenden Bewegungssequenzen der unteren Extremitäten, gefolgt vom Rumpf und den oberen Extremitäten: 1. Ausheben und hintere Bewegungsumkehr, 2. Freilauf, 3. Vordere Bewegungsumkehr und 4. Durchzug.

Studien haben gezeigt, dass 45% der gesamten Vortriebskraft durch die unteren Extremitäten erfolgt, 32 % durch den Rumpf und 23% durch die oberen Extremitäten. Es handelt sich im Rudern demnach um eine Kraftausdauersportart und eine Ganzkörperkraftsportart. Ruderer haben einen hohen Anteil an Slow-Twitch(ST)-Fasern(im M. vastus lateralis und M. deltoideus). Die Bedeutung der Maximalkraft und Kraftausdauer ist sehr hoch und wichtig für die zu erbringende Leistung und wichtig für kürzere Rennzeiten.

Schlussfolgerungen für die Trainingspraxis

Essenziell ist im Training ein hoher Anteil an aerobem Training, welches einen Anteil am Gesamttraining von 75-80% ausmachen sollte. Das bedeutet konkret hohe Umfänge bei niedriger Intensität, bei einem Blutlaktat unter 2mmol/l und einem subjektiven Belastungsempfinden von Werten unter 4 auf der BORG-Skala. Der Anteil an anaerobem Training ist mit 15-20% des Gesamttrainings gering, was in der Praxis geringe Trainingsumfänge und hohe Intensitäten bedeuten würde, mit einem Blutlaktatwert ≥ 4mmol/l und einem Wert auf der BORG-Skala von ≥ 7 entsprechen würde. Ein Training zwischen 2 und 4 mmol/l bzw. 5–6 auf der BORG-Skala findet nur wenig bis gar nicht statt. Empfohlen wird zur Leistungssteigerung auch ein polarisiertes Ausdauertraining mit abwechselnden Intensitäten zwischen Hochintensivem Intervalltraining (HIT)und lockerem Ausdauertraining.

Im Krafttraining haben sich * Bankziehen / Armzug * Beinpresse und Standumsetzen zur effektiven Verbesserung von spezifischen Kraftwerten der oberen und unteren Extremitäten bewährt (vgl. *Thiele, D., Prieske, O., Granacher, U.*: Analyse des konditionellen Anforderungsprofils in der Sportart Rudern. In: Leistungssport 6/2021, S. 34 - 38)

Frage 6:
In vielen Sportarten (vor allem in den Ballsportarten) haben die konditionellen Fähigkeiten nur einen „Zubringer-Charakter", werden quasi additiv durchgeführt. Überlegen Sie, warum das so ist. Worin liegen Vor- bzw. Nachteile, das Konditionstraining nicht zu maximieren?

Die Beurteilung, welchen exakten Einfluss und welche genaue Wertigkeit die einzelnen konditionellen Fähigkeiten auf die Leistung von Sportarten und hier vor allem die Ballspiele haben, ist sehr schwierig. Die in Leistungsstrukturmodellen dargestellten Leistungsvoraussetzungen wirken zudem nicht summativ zusammen, sondern wirken sehr komplex miteinander. Zudem kann der Einfluss der einen oder anderen konditionellen Fähigkeit vorübergehend dominieren. Es ist nicht einfach, auch wenn der Einfluss der Faktoren auf die sportliche Leistungsfähigkeit bekannt ist, ihre Wertigkeit und ihren Anteil zu bestimmen. Von den biologischen Merkmalen und den Anforderungen einer Leistungsstruktur können wesentliche Trainingsinhalte abgeleitet werden. Die Ballspiele sind keine homogene Sportartengruppe, die sportartspezifische Technik spielt jedoch bei allen eine überragende Rolle. Maximierung der konditionellen Fähigkeiten ist im Hinblick auf die optimale Leistung nicht zielführend. Eine solche wäre teilweise sogar der sportlichen Leistung abträglich und würde zudem enorm viel Trainingszeit beanspruchen. Im Kraftbereich würde mit steigendem Umfang und Intensität die Belastung für den passiven Bewegungsapparat stark ansteigen. Bei der Ausführung sportlicher Techniken kann zu viel Muskelmasse hinderlich sein.

Gemäß der wissenschaftlich begründeten Leistungsstruktur und der daraus abgeleiteten Bedeutung der einzelnen konditionellen Fähigkeiten sollten die konditionellen Fähigkeiten nach ihrer Gewichtung nur optimal, aber nicht maximal ausgeprägt werden. Das Training der konditionellen Fähigkeiten sollte funktional ausgerichtet sein, d.h. ihnen kommt eine ganz bestimmte Funktion innerhalb der Leistung der Ballsportler zu (vgl. *Hottenrott/Neumann*, Trainingswissenschaft, Meyer & Meyer, Aachen 2014).

Frage 7:
Der Stellenwert der Technik variiert von Sportart/Disziplin zu Sportart/Disziplin mitunter sehr stark. Versuchen Sie zu analysieren und zu erläutern, wie hoch er bei folgenden Sportarten/Disziplinen ist: * Marathonlauf * Tennis * Volleyball * Fußball * Stabhochsprung * Skilauf (Slalom, Abfahrt) * Gerätturnen * Hürdenlauf * 3000-m-Hindernislauf * Mountainbike-Rennen * Tischtennis * Judo * Basketball * 110-/100-m- Hürdensprint * Hochsprung * Hockey * Radrennsport (Straße).

Frage 8:
Versuchen Sie, diesen Stellenwert bei den unter 6. aufgeführten Sportarten/Disziplinen nun ebenfalls für den Bereich der Taktik vorzunehmen.

Die Beurteilung (Expertenrating) erfolgt in einer Skala von 1 = unwichtig bis 10 = extrem wichtig.

Sportart/Disziplin	Technik-Wertung	Taktik-Wertung
Marathonlauf	3	2
Tennis	10	10
Volleyball	8	8
Fußball	7	9
Stabhochsprung	10	1
Skilauf (Slalom / Abfahrt)	8 / 7	5
Gerätturnen	10	1
Hürdensprint (100/110)	8	1
3000-m-Hindernislauf	3	3
Mountainbikerennen	7	4
Tischtennis	10	10
Judo	7	9
Basketball	8	8
Hochsprung	8	1
Hockey	7	8
Radrennsport/Straße	4	5

Frage 9:
Spielen Sie bitte in Ihrem Sportkurs Handball, Basketball, Volleyball oder Fußball ohne zu sprechen und ohne Gestik, um sich taktische Hinweise zu geben! Wie wirkt dieses „stumme“ Spielen auf Sie? Was war störend, was war hilfreich?

Individuelle Schülerlösung

Frage 10:
Es gibt mehrere Möglichkeiten neue Bewegungstechniken zu verbessern. Eine besteht z.B. darin, sich in einer Bildreihe von Einzelfotos eine Idealbewegung (Technikleitbild) anzuschauen, eine Form des observativen (beobachtenden) Lernens.
* Schauen Sie sich allein, zu zweit oder in der Sportkursgruppe eine solche Bewegungsfolge einer frei gewählten Technik ca. 10 Minuten lang an, konzentrieren Sie sich dabei auf die einzelnen erkennbaren Teilbewegungen und versuchen Sie anschließend, diese Bewegungsfolge praktisch durchzuführen.

* Tauschen Sie in der Sportkursgruppe nun Ihre Erfahrungen bzw. Eindrücke darüber aus, was Ihnen dabei geholfen hat, wo es Schwierigkeiten gab. Konnte die Technik dadurch verbessert werden?

Individuelle Schülerlösung

Frage 11:
Analysieren Sie in Ihrer eigenen Sportart das Training im Hinblick auf die Individualtaktik, Gruppentaktik und Mannschaftstaktik. Wie ist die zeitliche Aufteilung dabei?

Individuelle Schülerlösung

Frage 12:
Gehen Sie zu einem Training einer höher klassigen Mannschaft (z.B. Regionalliga und höher) in einem Sportspiel Ihrer Wahl und versuchen Sie zu erkennen, ob Sie die Dreiteilung in: Individualtaktik, Gruppentaktik und Mannschaftstaktik im Training erkennen können und notieren Sie sich jeweils die Übungen/Spielformen dazu. Stellen Sie diese hinterher Ihren Mitschüler/innen im Sportkurs vor.

Individuelle Schülerlösung

Frage 13:
Welche der Anwendungsfelder des Sports ordnen Sie Ihren eignen Sportinteressen, Ihrer eigenen Sportart zu? Gibt es Anwendungsfelder, die Sie besonders ansprechen/die Sie für sich eher ablehnen? Versuchen Sie jeweils zu ergründen, warum dem so ist.

Individuelle Schülerlösung

Frage 14:
Ab diesem Schuljahr werden die Bundesjugendspiele in der Sportart Leichtathletik für alle Grundschulkinder bis zur vierten Klasse nur noch als Wettbewerb und nicht mehr als Wettkampf ausgetragen. Der Leistungscharakter der Bundesjugendspiele tritt in den Hintergrund. Diskutieren Sie mit Ihren Mitschüler/innen, was für diese Entscheidung und was gegen diese Entscheidung spricht.

Befürworterin der „neuen“ Bundesjugendspiele (DOSB, Ute Barthel): * der Wettbewerb ist motorisch vielseitiger, kindgemäßer und entwicklungsorientierter ausgerichtet als die Wettkampfform der Bundesjugendspiele * aus der Bewegungs- und Disziplinvielfalt im Wettbewerb können einzelne Übungen ausgewählt und differenziert auf die jeweilige Leistungsfähigkeit der Klasse bzw. Klassenstufe angepasst werden (z.B. die Zonenbreite). Damit können Lehrkräfte und Schulen verstärkt auf die Bedürfnisse der Kinder und Jugendlichen eingehen. * Der Wettbewerb in den Sportarten Leichtathletik und Schwimmen kann ebenfalls auf die örtlichen Gegebenheiten in der Schule angepasst werden. So können Bundesjugendspiele in der Sporthalle, auf dem Pausenhof, dem Rasenplatz oder natürlich im Stadion durchgeführt werden. Im Hallen-, Freibad oder auch im Lehrschwimmbecken kann geschwommen werden. * Gerade alters- und entwicklungsgemäße Aufgaben sind nun verstärkt möglich * Leistungen werden einfacher und schneller erfasst. Dies führt zur Steigerung der effektiven Bewegungszeit der Kinder. Lange Wartezeiten, wie beispielsweise vor der Weitsprunggrube entfallen, weil die erzielten Weiten nicht mehr zentimetergenau gemessen werden müssen, sondern in gekennzeichnete Zonen gesprungen wird und dafür Punkte vergeben werden * auf den im Wettbewerb entwickelten motorischen Fähigkeiten der Kinder und Jugendlichen kann im späteren Alter in der dann angebotenen Wettkampfform aufgebaut werden * der Wettbewerb bietet den Teilnehmenden Schulen die Möglichkeit, alle Kinder und Jugendlichen (inklusive der Schüler/innen mit Förderbedarf) an den Bundesjugendspielen teilhaben zu lassen.

Beim Gemeinschaftserlebnis Bundesjugendspiele soll es vor allem darum gehen, sich zu bewegen, Freude zu haben und sein Bestes zu geben.

Welche Argumente könnten gegen diese Entwicklung aufgeführt werden: * Wettkampf und Leistung sind seit jeher für den Sport sinnstiftend * nur erlernte Fertigkeiten erlauben eine befriedigende Teilnahme an bestimmten Sportarten * diese neue Sportform bildet nicht die Realität ab, wie man sie im Vereinssport dann überwiegend vorfindet (70 bis 80 % der Vereinsangebote sind wettkampforientiert) * in den *cgs*-Sportarten (Centimeter, Gramm, Sekunde) wie der Leichtathletik entscheiden Zentimeter, im Schwimmen Zeiten, im Gewichtheben (Kilo-)gramm über Sieg oder Niederlage * Rückschlagspiele wie z.B. Tischtennis oder Tennis kennen in ihren Einzeldisziplinen gar kein Unentschieden, sondern nur Sieger und Verlierer * manche Sportler betreiben ihre Sportart überhaupt nur, weil es den Wettkampf gibt; fast überall im verbandlich organisierten Ligabetrieb der Spielsportarten spielt der Wettkampfgedanke die entscheidende Rolle * auf sehr gute Sportler*innen könnte die neue Form demotivierend wirken * gesellschaftlich wichtige Werte wie Bemühung, Anstrengung und Engagement und sich zu beweisen werden abgewertet * wer keinen Wettkampf möchte, kann sich für eine Sportart entscheiden, in der es diesen nicht gibt * man kann im Sport den Umgang mit Niederlagen und Siegen (z.B. den Unterlegenen achten, Bescheidenheit als Sieger zeigen) lernen * man kann dort selbst Fairness erfahren und selbst praktizieren (Fairplay) * Langzeitwirkungen des „Niederlagentraumas“ oder einer „Demütigung“ sind nicht belegt * auch Jüngere sollten sich damit befassen, was sie tun können, wenn sie eine Niederlage erlitten haben und deswegen traurig sind * Schulsport kann/sollte eine Zubringerfunktion für den Vereinssport darstellen * Sportunterricht kann/sollte sehr wohl den Fitnessgrad von Schüler*innen steigern * die neuesten Untersuchungsergebnisse des Fitnessbarometers 2024 zeigten, dass das Fintenessniveau der Kinder (7358 getestete Kinder) im Vergleich zu vorhergehenden Untersuchungen weiter gefallen ist und das Übergewicht weiter drastisch angestiegen ist und sich die Adipositas (Fettleibigkeit) bei den

Kindern mehr als verdoppelt hat * für dieses schlechte Abschneiden wird auch die Corona-Pandemie mitverantwortlich gemacht * besorgniserregend war für die Forscher der Gewichtssprung der Kindergartenkinder zur Grundschule * es muss stark bezweifelt werden, ob wegen der negativen Erlebnisse eines halben Tages bei den Bundesjugendspielen bleibende psychische Schäden bei den Teilnehmenden befürchtet werden müssen. (Quelle: www.turnbeutelbande.de, Zugriff: 16.05.2024)

Frage 15:
Erörtern Sie, ob man von den Radfahrern, welche regelmäßig intensiv und umfangreich trainieren sowie an Rennen teilnehmen noch von Breiten- bzw. Freizeitsportlern sprechen kann.

* regelmäßiges intensives und umfangreiches Training weist auf einen am Wettkampfsport ausgerichteten Sportler hin, vor allem, wenn er noch dazu an Rennen teilnimmt. Das Ziel dieses Sporttreibens liegt in der erfolgreichen Teilnahme am Rennen. Man kann also nicht oder nur sehr eingeschränkt von einem begrenzten Trainingsaufwand, der sich in einer reduzierten Trainingshäufigkeit zeigt, sprechen. Es sollte kein oder ein nur weniger ausführlicher und wenig elaborierter Trainingsplan vorhanden sein. Dies ist hier ebenfalls unwahrscheinlich. Die Wettkampfteilnahme ist eher regelmäßig als unregelmäßig. Diese Sportler achten i.d.R. ebenfalls auf eine gesunde Lebensführung (z.B. „sportgerechte Ernährung") – was im Übrigen sehr zu begrüßen ist. Der Sport bestimmt in mehr oder weniger großem Maß das tägliche Leben.

Frage 16:
Erläutern Sie, was es bedeutet, wenn ein Trainer in einer Mannschaftssportart von seinen Spielern verlangt „mannschaftsdienlich" zu spielen.

* In Spielsportarten versteht man unter Taktik die Gesamtheit der Verhaltensweisen, Handlungen und Maßnahmen, die der Sportler anwendet, um ein optimales Spielergebnis zu erreichen. Man unterscheidet:

- Individualtaktik, Gruppentaktik und Mannschaftstaktik:
- Mannschaftstaktik: Sie äußert sich in der Offensivtaktik und in der Defensivtaktik der vorgegebenen Spielweise für eine gesamte Mannschaft. Das taktische Verhalten ist immer auf den Einfluss des Trainers, seine „Handschrift" zurückzuführen.

Taktikvarianten im Mannschaftssportspiel	
Mannschaftsangriffstaktik	**Mannschaftsabwehrtaktik**
Angriffssysteme; Positionen und Funktionen der Mannschaftsmitglieder, Spielweise, Prinzipien im Angriff, u.a.	Abwehrsysteme; Positionen und Funktionen der Mannschaftsmitglieder, Spielweise, Prinzipien in der Abwehr, u.a.
Gruppenangriffstaktik	**Gruppenabwehrtaktik**
Gruppentaktische Angriffsverfahren; Orientierungen, Anweisungen für das Zusammenwirken innerhalb von Spielergruppen im Angriff,...	Gruppentaktische Abwehrverfahren; Orientierungen, Anweisungen für das Zusammenwirken innerhalb von Spielergruppen in der Abwehr, ...
Individuelle (Einzel-)Angriffstaktik	**Individuelle (Einzel-)Abwehrtaktik**
Grundsätze, Prinzipien, Hinweise für den Einzelspieler im Angriff, ...	Grundsätze, Prinzipien, Hinweise für den Einzelspieler in der Abwehr, ...

In einem Mannschaftssport ist der einzelne Sportler zum einen Teil der Mannschafttaktik und Gruppentaktik und zum anderen ein Bestandteil des Gesamtgefüges des Teams und muss seine Individualität *mannschaftsdienlich* einbringen, d.h. er darf nicht ständig eigenwillige (eigensinnige) taktische Entscheidungen treffen, ohne die Mannschafts- oder Gruppentaktik dabei mit zu berücksichtigen bzw. in seine Entscheidungen einfließen zu lassen.

Allgemeine Gesetzmäßigkeiten des Trainings und Trainingsprinzipien

2

Frage 1:
Beschreiben Sie anhand von praktischen Beispielen Anpassungserscheinungen im
a.) kognitiven Bereich
b.) neuronalen Bereich
c.) morphologischen Bereich

- **Morphologische Adaptation**: z.B. a.) Vergrößerung der Energiespeicher: durch gezieltes Ausdauertraining im aeroben Bereich. b.) Zunahme des Muskelquerschnitts: gezieltes Krafttraining (Q-Training) durch Muskelquerschnittsmethode
- **Metabolische Adaptation**: Zunahme von Enzymen und Strukturproteinen z.B. Zytokine (Botenstoffe des Immunsystems): durch gezieltes Ausdauertraining möglich
- **Endokrine Anpassungen**: im Hormonsystem, z.B. körpereigene Endorphine oder Katecholamine (Adrenalin/Noradrenalin): durch Krafttraining oder Ausdauertraining möglich,
- **Kognitive Adaptation**: Denken, Gedächtnis, Sprache, Entscheiden, Wahrnehmung, Aufmerksamkeit und Konzentration: durch Taktikschulung, Aufmerksamkeitstraining und gezielte Spiel- und Übungsformen
- **Neuronale Adaptation**: Verbesserung der Ansteuerung der Muskeln, verbesserte Frequenzierung und Rekrutierung; Erlernen einer sportlichen Technik: durch Techniktraining oder gezielte Formen des Krafttrainings erreichbar

Frage 2:
Ein Basketballtrainer möchte am Abend vor einem entscheidenden Spiel ein erschöpfendes Training „zur Motivationssteigerung" durchführen. Halten Sie das für sinnvoll? Was spricht für ein solches Training, was dagegen?

Bei der Durchführung eines so gearteten Trainings können gleich mehrere Probleme auftreten. Die Regenerationszeit ist bei einem „erschöpfenden" Training sehr kurz, zu kurz, um sich bis am nächsten Tag wieder komplett zu erholen. Je niedriger die Spielklasse, umso weniger erholt werden die Spieler am nächsten Tag sein, da die Regenerationsfähigkeit entsprechend stark eingeschränkt ist. Dies ist darauf zurückzuführen, dass die entscheidende konditionelle Fähigkeit für die Regeneration – die aerobe Grundlagenausdauer – i.d.R. bei niedrigklassigen Spielern weniger gut ausgebildet ist als bei hochklassigen Spielern. Im letzten Spielviertel gegen Ende des Spiels – die Zeit, in der z.B. im Fußball die meisten Tore fallen – würde die Ermüdung sich sehr stark bemerkbar machen. Die basketballspezifischen Techniken würden mit zunehmender Ermüdung im Spiel darunter leiden. Wer im Kopf nicht mehr ganz frisch ist, kann im kognitiven Bereich Schwierigkeiten bekommen, die Flexibilität der Taktik könnte eingeschränkt sein. Durch ein solches Training erhöht sich zudem das Verletzungsrisiko. Fallen wichtige Spieler aus, kann dies die gesamte Mannschaftstaktik negativ beeinflussen. Außerdem kann sich ein solches Training negativ auf die Motivation einzelner Spieler auswirken. Ein Team bewusst bis zur Erschöpfung zu trainieren, damit es am nächsten Tag besonders motiviert auf den Platz geht, ist psychologisch gesehen sehr fragwürdig.

Praxisbeispiel

Vor einer TT-Schwerpunktfachveranstaltung des Buchautors an der Universität Tübingen lag ein Teilnehmer, der in der Bundesliga Fußball spielte, freitags um 13 Uhr auf der Sitzbank vor der Sporthalle. Auf die Frage, warum er so erschöpft sei, sagte er, das Team habe am Freitagvormittag zwei Stunden „normales" Fußballtraining absolviert, danach jedoch noch 60 (sechzig) Sprints über den halben Fußballplatz laufen müssen. Er wüsste nicht, wie er bis am nächsten Nachmittag wieder fit werden sollte. In der abendlichen „Sportschau" der ARD am nächsten Tag bemerkte der Kommentator, dass das Team des Sportstudenten auf „unerklärliche Weise" in der 2. Halbzeit konditionell stark nachgelassen habe. Das Spiel wurde verloren.

Frage 3:
Erörtern Sie, welche Argumente dafür und welche dagegen sprechen, das Prinzip der Superkompensation zum allgemeinen Prinzip zu erklären, nach dem alle Anpassungserscheinungen im Sport ablaufen?

Das Prinzip der Superkompensation wurde von *Jakowlev* speziell für die Glykogenvorräte entwickelt. Es war nie seine Absicht, dies zu einem grundlegenden Modell der Trainingslehre zu machen. Es gilt demnach beim Carboloading. Das Modell hat nur eine begrenzte Aussagefähigkeit. Zeitliche Aussagen zu treffen, ist schwer möglich, vor allem nicht in der Präzision, mit der es manche Autoren tun. Es gilt nicht für die Bereiche Schnelligkeit oder Koordination, da bei beiden die Ermüdung keine Voraussetzung für eine Anpassung ist. Bei der Beweglichkeit ist Ermüdung ebenfalls keine Voraussetzung für eine positive Anpassungserscheinung. Auch im Bereich der Kognitionen spielt die Superkompensation keine Rolle. Wenn ein Trainer einem Sportler eine

Bewegung zeigt und dieser sie sofort nachvollziehen kann, muss er dazu nicht ermüdet worden sein. Gleiches gilt für das Erlernen einer neuen Mannschafts- oder Einzeltaktik. Auch hier spielt Ermüdung für den Anpassungserfolg keine Rolle. Die Superkompensation unterscheidet nicht zwischen verschiedenen Altersstufen, wobei es offensichtlich ist, dass ein 18-jähriger Bundesligaspieler im Fußball schneller regeneriert als ein 71-jähriger Seniorensportler. Zwischen den Geschlechtern wird auch nicht differenziert. Die Periodisierung und Zyklisierung wird nicht beachtet. Es macht aber einen großen Unterschied, ob jemand zu Beginn der Vorbereitungsperiode oder mitten in der Wettkampfperiode belastet wird. Regenerationsmaßnahmen werden überhaupt nicht berücksichtigt. Mehrere Systeme nehmen zum Beispiel nach einer Belastung nicht ab, sondern einzelne Parameter steigen an. Ein wesentlicher Faktor für die Anpassung, nämlich die Ernährung, wird ebenfalls komplett ignoriert. Dabei ist es erwiesen, dass eine optimale Ernährung die Anpassungsprozesse sowie die Regeneration stark unterstützen kann. Für Leistungssportler ist das Modell so nicht zutreffend. Es hat für sie keine Bedeutung. Was bleibt, sind begrenzte Aussagen für niedrigklassige Sportler vor allem in Mannschaftsspielen. Ein Ausdauertraining kann nicht ohne Ermüdung durchgeführt werden, auch bei einem Krafttraining ist das nicht möglich.

Es ist somit nicht mehr zulässig von einem grundlegenden Modell für alle Prozesse des Trainings zu sprechen. Dazu sind die Einschränkungen und Vorbehalte seit mehreren Jahren in der Sportwissenschaft viel zu groß. Ob man bei den offensichtlichen Schwächen und Einschränkungen sowie behelfsmäßigen Verweisen überhaupt noch von einem Prinzip sprechen kann, muss stark bezweifelt werden.

Frage 4:
Erläutern Sie, welche Ursachen es haben kann, dass Sportler sich nach anstrengenden Belastungen unterschiedlich schnell erholen.

Prinzip des optimalen Verhältnisses zwischen Belastung und Regeneration: Um die nächste Belastung im Training oder Wettkampf optimal bestreiten zu können, muss der Sportler in der Zeit, die dazwischen liegt, optimal erholen können. Die individuelle Regenerationsfähigkeit kann beeinflusst werden durch folgende Faktoren:

* Alter * Trainingsalter * Geschlecht * Bei Frauen: Phase im Zyklus * Trainingszustand im konditionellen Bereich (v.a. Ausdauer) * Zeitpunkt der Saison * Ernährung * Verletzungen * Infekte/ Krankheiten * Psyche * Sieg/Niederlage * Genetik * Kenntnis und Anwendung regenerativer Methoden * insb. Schlaf

Praxisbeispiel

Der ehemalige französische *Tour de France-Sieger* (1983 und 1984) und Giro d'Italia Sieger (1989), *Laurent Fignon* (1960-2010), schrieb in seiner Biografie, dass er schon im Jugendalter feststellte, dass er schneller regenerieren konnte als andere junge Fahrer.

Wird dieses Prinzip ignoriert, können Leistungseinbrüche bis hin zu einem Burnout die Folge sein. Dieses Prinzip findet bei der Theorie der Superkompensation keinerlei Beachtung. Regeneration umfasst sowohl die Psyche als auch die Physis des Sportlers. Ziel ist die schnelle Wiederherstellung der körperlichen und geistigen Leistungsfähigkeit. Man führt sie je nach Umfang und Intensität der vorausgegangenen Belastung immer im Cool-Down am Ende der Trainingseinheit durch, unter Umständen auch als eigene Regenerations-Trainingseinheit. Hochleistungssportler benötigen eine intensivere Regeneration als Breiten- Freizeitsportler. Bestimmend für die Art der Regeneration sind Intensität und Umfang des Trainings sowie die die Belastungs-Beanspruchungsinteraktion*.

Frage 5:
Wozu ist eine Kenntnis des Zusammenspiels von Belastung und beanspruchten Systemen im menschlichen Organismus wichtig?

Training ist aus Sicht der Sportbiologie ein ständiger Adaptationsprozess als Folge von Belastung. Das Zusammenspiel von Belastung und Beanspruchung wird von einer Vielzahl von Einflussgrößen bestimmt. Die **Belastungsnormative** wie Umfang, Dauer, Intensität, Dichte, Häufigkeit, Bewegungskomplexität und Bewegungsausführung beeinflussen die **beanspruchten Funktionssysteme** des menschlichen Organismus wie Herz-Kreislauf-System, Atmungssystem, Stoffwechselsystem, Wasser- und Elektrolythaushalt, Hormonsystem, Immunsystem, Nervensystem und Muskel-Skelett-System. Die Kenntnis darüber ist für eine exakte Trainingssteuerung über die gezielte Auswahl der Trainingsmethoden wichtig. Ohne diese Kenntnisse, auch über gegenseitige Beeinflussungen und Zusammenhänge, ist eine genaue Trainingsplanung nicht möglich.

Frage 6:
Ein Trainer möchte im Profifußball vormittags zwei Stunden mit seinem Team im Kraftraum trainieren und nachmittags noch die Ausdauer durch eine dreistündige Mountainbike-Ausfahrt. Wie beurteilen Sie dieses Vorgehen?

---

* Unter *Belastung* versteht man die Summe aller auf den Sportler einwirkenden Trainings- und Leistungsanforderungen, einschließlich der biomechanischen und psychischen Belastungen. Beanspruchungsreaktionen zeigen sich in der unterschiedlichen Inanspruchnahme der organischen Funktionssysteme (Herz-Kreislauf-System, Atmungssysteme etc.). Trainingsbelastungen lösen immer eine ganz bestimmte körperliche Beanspruchung der an der Trainingsbelastung beteiligten Funktionssysteme aus. Gleiche Trainingsbelastungen lösen bei unterschiedlich trainierten Sportlern unterschiedlich hohe Beanspruchungen der Funktionssysteme aus.

Das Prinzip der Signaltransduktion ist für die Bereiche Krafttraining und Ausdauertraining sensibel. Die von den Sensormolekülen aufgefangenen Signale aus dem Krafttraining oder Ausdauertraining werden auf Signaltransduktionsmoleküle übertragen. Diese Signale werden an Adaptationsregulatoren weitergeleitet, die die Gentranskription regulieren und aktivieren, das heißt das Aus- oder Anschalten von Genen, die Translation oder die Proteinsynthese, Proteinabbau oder andere Prozesse.

Beim **Krafttraining des Muskels** erfolgt das Dickenwachstum (Hypertrophie) vor allem durch die **Aktivierung der Proteinsynthese durch Translation.** Beim **Ausdauertraining** erfolgt die muskuläre Anpassung über die Regulation der **Transkription** (das An- und Abschalten belastungsspezifischer Gene).

Die **Trainingskonsequenz** besteht darin, Ausdauer- und Krafttraining nicht unmittelbar zu kombinieren. Sie sollten zeitlich voneinander getrennt werden. Man spricht hier in der Trainingslehre von einem Splitting (Aufteilung) der Trainingsinhalte.

Frage 7:
Viele Fußballbundesligisten absolvieren eine sehr intensive Saisonvorbereitung. Nach deren Beendigung fehlen häufig zum Saisonbeginn mehrere Spieler verletzungsbedingt. Erläutern Sie, welche Ursachen hierfür zugrunde liegen könnten.

Die Ursachen dafür können vielfältig sein. Beim Trainingslager, welches häufig vor Beginn der neuen Saison von den Vereinen bezogen wird, handelt es sich um einen begrenzten Zeitraum. Um grundlegend an konditionellen Fähigkeiten zu arbeiten, um diese für die kommende Saison *ausreichend aufzubauen*, ist dieser Zeitraum allerdings viel zu kurz. Voraussetzung hierfür ist, was seit Jahren von vielen Profiklubs vorgegeben wird, nämlich auch im Urlaub ein gewisses Fitnesstraining zu absolvieren. Vor der Saison sind die Teams i.d.R. hochmotiviert, sogar übermotiviert und zu optimistisch, denn Umfragen haben ergeben, dass sich 70 bis 80 % der Fußballbundesligaklubs in ihrer angestrebten Platzierung irren. Negativeffekt von zu hoher Motivation im Trainingslager kann dazu führen, dass zu intensiv und umfangreich trainiert wird, was das Verletzungsrisiko ansteigen lässt. Dies ist dann auch darauf zurückzuführen, dass regenerative Maßnahmen stark eingeschränkt durchgeführt oder vernachlässigt werden. Im ermüdeten oder erschöpften Zustand ist das Risiko erhöht, sich zu verletzen. Neue Spieler wollen sich in diesem Trainingslager durch hohen Einsatz und Engagement auf dem Platz für die Stammformation empfehlen und ihre Verpflichtung rechtfertigen. Sie wollen dies dem neuen Trainer, den Mannschaftskollegen beweisen. Zusätzlich sind häufig Präsidenten oder Vorstandsmitglieder mit vor Ort, denen die Spieler auch etwas beweisen möchten.

Folgendes Vorgehen kann empfohlen werden. Die unmittelbare Regeneration erfolgt im sog. Cool Down am Ende der Trainingseinheit bzw. nach Beendigung eines Testspiels.

- Jede Trainingseinheit und jeder Wettkampf sollten mit regenerationseinleitenden Maßnahmen beendet werden.

- Hochleistungssportler benötigen eine Hochleistungsregeneration: Umfangreiche und intensive Belastungen bedürfen einer intensiven und umfangreichen Regeneration.

Frage 8:
Ein Handballerstligist spielt samstags ein Spiel in der Bundesliga. Sonntags wird zweimal hart trainiert, ebenso montags und dienstags. Am Mittwochvormittag wird ein 60-minütiger Ausdauerlauf angesetzt. Am selben Abend verliert das Team gegen einen direkten Konkurrenten mit 10 Toren Unterschied. Welche Ursachen können dafür zugrunde liegen?
Wie hätten Sie die Tage geplant?

Ein Bundesligaspiel ist für die Spieler i.d.R. sowohl eine psychisch als auch physisch hohe Belastung. Man sollte nach dem Spiel entsprechend regenerieren und für die nächsten Tage auf genügend Schlaf achten. Auch die Ernährung gilt es zu berücksichtigen. Am Sonntag könnte man den Vormittag trainingsfrei geben oder regenerative Maßnahmen anwenden, dann später am Tag ein normales Training ansetzen, evtl. mit Aufarbeitung der taktischen Schwächen und Stärken vom gestrigen Spieltag. Montags könnte zweimal hart trainiert werden. Am Dienstagvormittag könnte normal trainiert werden und Dienstagabend zeitlich reduziert, vielleicht eine Stunde Training. Am Mittwoch sollte vormittags in der Halle kurz „angeschwitzt“ werden, auf keinen Fall jedoch ein ermüdendes Training durchgeführt werden.

Frage 9:
Ein Basketballbundesligist hat samstags sein letztes Bundesligaspiel vor den Playoffs. Der Trainer lässt nun das Team ab Sonntag die nächsten 14 Tage bis zum ersten Playoffspiel zweimal pro Tag durchtrainieren. Das Team scheidet im ersten Playoffspiel sofort aus. Welche Ursachen können dafür zugrunde liegen? Wie hätten Sie die 14 Tage geplant?

Die Probleme sind denen des Handballbundesligisten aus Frage 8 nicht unähnlich. Man hätte nach dem Abschluss der Hauptrunde den Sonntag auf jeden Fall trainingsfrei geben sollen, mehr wegen der psychischen als wegen der physischen Regeneration, damit „die Spieler den Kopf frei bekommen“. Unter Umständen hätte man sogar noch den Montag trainingsfrei geben können. Anschließend wäre es empfehlenswert, nach der Tapering-Methode am Dienstag mit zwei zeitlich reduzierten Trainingseinheiten zu beginnen und dies bis zum Sonntag kontinuierlich auf hochintensive und umfangreiche Trainingseinheiten zu steigern. Sonntag entweder Vormittag oder Nachmittag trainingsfrei. Montag und Dienstag wären noch bezüglich Intensität und Umfang normale Trainingstage gewesen, bevor man ab Mittwoch bis Freitag an jeder Trainingseinheit 10-15 Minuten gekürzt hätte, bei gleichbleibender Intensität (= Tapering). Am Tag vor dem Spiel nur noch 1 x hartes Training und die zweite Trainingseinheit regenerativ gestalten. Am ersten Spieltag ein leichtes „shoot-around“, taktische Grundzüge Offence/ Defense (Anschwitzen), auf keinen Fall ein ermüdendes Training durchführen.

Sportbiologie

3

Frage 1:
Charakterisieren Sie die aerobe, die anaerob-alaktazide und anaerob-laktazide Energiebereitstellung. Nennen Sie bitte ein eindeutiges Beispiel, bei dem die aerobe Energiebereitstellungsart dominiert, anschließend eines für die anaerob-alaktazide und schließlich eines für die anaerob-laktazide Energiebereitstellung.

Aerobe Energiebereitstellung	Anaerob-alaktazide Energiebereitstellung	Anaerob-laktazide Energiebereitstellung
mit Sauerstoff	ohne Sauerstoff	ohne Sauerstoff
36 mol ATP/mol Glukose	liefert sofort Energie über ATP und KP	3 mol ATP/mol Glukose
keine Laktatbildung	keine Laktatbildung	Laktatbildung
findet in den Mitochondrien statt	findet im Zytoplasma der Zelle statt	findet im Zytoplasma der Zelle statt
Energiebereitstellung erfolgt relativ langsam	Energiebereitstellung erfolgt sehr schnell	Energiebereitstellung erfolgt schnell
sehr große gespeicherte Gesamtenergiemenge im Organismus	sehr kleine Gesamtenergiemenge; energiereiche Phosphate ATP und CP, schnelle ATP-Resynthese, reicht nur ca. 6–8 Sekunden)	sehr kleine Gesamtenergiemenge; schnelle ATP-Resynthese; nach 40–60 Sekunden wird der Prozess durch zu viel Wasserstoffionen gebremst
Speicher: Glykogen in Muskel/Leber, Fett in Muskel/Leber	ATP und KP in der Muskelzelle	Muskelglykogen
typische Sportart: Marathonlauf	**typische Sportart:** Hochsprung	**typische Sportart:** 400m-Lauf

Frage 2:
Muskeln, die häufig in Gebrauch sind, neigen dazu kräftiger zu sein als solche, die man nicht so oft benötigt. Versuchen Sie an sich festzustellen, welche Ihrer Muskeln kräftiger und welche schwächer sind. Trainieren Sie gezielt einen Ihrer schwachen Muskeln über 4 Wochen hinweg und versuchen Sie herauszufinden, was sich verändert hat

Individuelle Schülerlösung

Frage 3:
Zwei Freundinnen gehen zusammen eine Stunde laufen. Eine der beiden hat dabei trotz regelmäßigen Trainings Probleme das Tempo zu halten oder zu verschärfen. Am nächsten Tag gehen beide in ein Fitnessstudio zum Krafttraining. Hier verhält es sich nun umgekehrt. Die Freundin, die beim Laufen keinerlei Probleme hatte, kann ihre Leistung im Krafttraining kaum steigern. Die schwache Läuferin macht ihre Übungen problemlos. Welche Erklärung haben Sie dafür?

Eine Erklärung für diese beiden Beispiele könnten unterschiedliche Veranlagungen sein, welche durch die Genetik bestimmt werden. Bei der Frau, die Probleme beim Laufen hat, könnte es sein, dass sie vorwiegend über Typ IIx -Fasern verfügt, welche hohe Kraft entwickeln können, aber sehr schnell ermüdbar sind. Bei der zweiten Frau, die keine Probleme bei der Ausdauerbelastung hat, aber dafür im Kraftraum, ist es sehr wahrscheinlich, dass sie mehrheitlich Typ I-Muskelfasern hat, die für Ausdauer ausgelegt sind, aber weniger auf Kraft.

Frage 4:
Welche Energiebereitstellungsarten werden in Ihrer eigenen Sportart oder Lieblingssportart an der Schule benötigt? Begründen Sie Ihre Entscheidung.

Individuelle Schülerlösung

Frage 5:
Erläutern Sie, welche Anpassungserscheinungen des Herz-Kreislauf-Systems ergeben sich durch Ausdauertraining ergeben? Welche Sportarten führen zu diesen Anpassungserscheinungen?

- Abnahme der HF in Ruhe (Trainingsbradykardie)
- Zunahme von Schlagvolumen, Herzminutenvolumen

- Verringerung der Herzfrequenz bei submaximalen Belastungsstufen
- Harmonische Erweiterung aller 4 Herzhohlräume (regulative Dilatation)
- Anstieg max. Sauerstoffaufnahmevermögen (VO_2 max)
- Die Viskosität des Blutes sinkt, es wird dünnflüssiger
- Zunahme der Blutmenge um ca. 1–1,5 Liter
- Verbesserte Muskeldurchblutung
- hormonelle Regulation: Verminderung des Sympathikuseinflusses (Reduktion der Stresshormone Adrenalin und Noradrenalin)
- Steigerung der Insulinsensitivität der Zellen (Diabetesprophylaxe)
- Verringerung des Blutdrucks
- Muskulatur: Zahl und Größe der Mitochondrien nimmt zu, aerobe Enzymaktivität nimmt zu, Zunahme des Myoglobins und des intramuskulären Glykogendepots, verbesserte Kapillarisierung und Arterialisierung
- Fettstoffwechselverbesserungen: Anstieg HDL, Senkung LDL, Absinken des Gesamtcholesterins
- Verbesserung der Immunabwehr
- Daneben noch positive Auswirkungen auf die Psyche, Wohlbefinden und Lebensqualität

Zu solchen Anpassungserscheinungen kann es in Sportarten/Disziplinen mit höherem Ausdauercharakter kommen: *10000-m-, 5000-m-, 3000-m-Hindernislauf, Marathon, Skilanglauf, Biathlon, Radrennsport, Schwimmen (längere Distanzen), Triathlon, Rudern,...

Frage 6:
Warum ist es für einen Fußballprofi nicht ausreichend, sich wie ein Breitensportler seinen Belastungs- und Erholungspuls mit der Hand zu messen? Begründen Sie Ihre Entscheidung.

Im Leistungssport sind es zum Teil Kleinigkeiten, die einen großen Unterschied ausmachen können. Das Training der Intervallmethoden oder auch der Dauermethode wird über die Pulsfrequenz gesteuert. Für eine exakte Planung muss diese, auch während der Belastung, möglichst exakt erfasst werden. Zu diesem Zweck tragen Fußballprofis z.B. BH-ähnliche Funktionskleidung. Dieses Oberteil verfügt über einen GPS-Sender. Diese kommen im Training oder auch bei Spielen zum Einsatz, um die Bewegungen des jeweiligen Spielers und seine Leistungsdaten exakt zu erfassen. Unter anderem werden damit die Laufrichtung, Geschwindigkeit und Herzfrequenz gemessen und dokumentiert. Getrackt werden diese Daten in Echtzeit über einen Satelliten. Überhaupt wird in den höheren Spielklassen inzwischen jeder Zentimeter eines Spielfeldes vermessen. Livedaten zeigen jederzeit auch die Ballbewegungen (www.StN.de, Zugriff 30.4.2024). Bei einem Breitensportler wäre zumindest ein Fitness-Tracker zur Erfassung der Pulsfrequenz ratsam, da dadurch ebenfalls eine exaktere und bessere Trainingsdurchführung erreicht werden kann.

Frage 7:
Charakterisieren Sie die einzelnen Blutbestandteile. Welche Unterschiede ergeben sich durch Ausdauertraining im Blut bei einem Ausdauersportler (z.B. Triathlet) im Vergleich zu einem Untrainierten?

Es gibt:

- Erythrozyten, (rote Blutzellen)
- weiße Blutzellen (Leukozyten)
- Blutplättchen (Thrombozyten)
- Blutplasma

Anpassungserscheinungen des Blutes durch Ausdauertraining:

Trainiert	Untrainiert
• Vergrößerung des Blutvolumens (Zunahme des Plasmavolumens) • Blutvolumen (ml/kg): 95 (+25 %)	• Blutvolumen: 76 ml/kg
• Blutvolumenzunahme von ca. 25%, davon 2/3 Plasmavolumen und 1/3 Erythrozytenvolumen • Plasmavolumen: 55 ml/kg (+31 %) • Zellvolumen: 40 ml/kg (+18)	• Plasmavolumen: 42 ml/kg • Zellvolumen: 34 ml/kg
• dadurch sinkender Hämatokrit: 42 ml/kg	• Hämatokrit: 45
• zunehmendes Gesamtvolumen der roten Blutzellen	
• Sauerstofftransportkapazität des Blutes steigt an durch erhöhte Erythrozytenanzahl (Hämoglobinanstieg)	
• angestiegenes Plasmavolumen stellt eine Wasserreserve für die Körperkühlung durch Schwitzen dar	
• Pufferkapazität des Blutes wird erhöht	

Frage 8:
Welche Gelenke sind in Ihrer eigenen Sportart einer besonders starken Belastung ausgesetzt? Versuchen Sie möglichst genau zu beschreiben, warum dies so ist. Was können Sie vorbeugend gegen die Schädigungen dieser Gelenke unternehmen?

Exemplarisch für die Sportart Tischtennis:

Gelenk	Belastung
Schultergelenk	Es ist das mit Abstand am stärksten belastete Gelenk im TT, vor allem bei VH-Schlägen mit hoher Wucht, wie ein VH-Topspin oder VH-Schuss (Schmetterschlag).

Gelenk	Belastung
Kniegelenk	Ein sehr stark belastetes Gelenk im TT. Es macht sämtliche Beinarbeitsbewegungen mit, tiefe Kniebeugen, Drehungen etc.; Grundstellung von 135–90 Grad möglich (Ballerwartungshaltung).
Sprunggelenke	Genauso stark belastet wie das Kniegelenk; sämtliche Sprünge, Drehbewegungen, Stopps, Umspringen, Belastung des Körpergewichts auf dem Vorderfuß; 70–80 % der Beinarbeit im TT sind Sprünge und keine Laufbewegungen.
Ellbogengelenk	Dreh-Scharnier-Gelenk, Schlägerblattstellung wird sehr stark über das Ellbogengelenk gesteuert. Schläge sind ohne das Ellbogengelenk nicht möglich; es wird stark beansprucht bei besonders dynamischen Schlägen.
Wirbelsäule	Stark belastet durch ständige Belastung beim Spielen; einseitige Belastung, v.a. da TT eine Sportart ist, welche einseitig den Körper stark muskulär auf der Schlagarmseite fordert; durch Grundstellung am Tisch häufig Probleme im Lendenwirbelsäulenbereich.
Handgelenk	Bei jedem Schlag mitbeteiligt, Feinsteuerung der Schläge über das Handgelenk, neue Techniken (*Banane* erfordert wie der RH-Topspin sehr starken Handgelenkeinsatz); viele Techniken, die vor 20 Jahren noch ohne Handgelenkeinsatz gespielt wurden, werden heute mit zusätzlichem Handgelenkeinsatz gespielt.

Zur Vorbeugung gegen Schädigungen empfiehlt es sich kräftigende Übungen für das jeweilige Gelenk auszuführen. Zum einen geht es um die Rumpfmuskulatur, also schräge Rumpf-, Rücken- sowie Bauchmuskulatur. Stützende Übungen kräftigen den Bereich der Arm- und Schultermuskulatur. Gleichzeitig muss die Muskulatur dehnfähig gehalten werden. Für die Beinmuskulatur empfehlen sich Sprungkraftübungen sowie Übungen aus der Propriozeption.

Frage 9:
Versuchen Sie die optimale Muskelfaserzusammensetzung für diese Spielsportarten zu bestimmen: Handball, Volleyball, Basketball, Tennis, Tischtennis, Kugelstoßen.

Bei den aufgeführten Spielsportarten sind nur wenige bioptische Werte bekannt. Dies kann damit zusammenhängen, dass die Bedeutung der Muskelfaserzusammensetzung keine dominante Rolle für die Leistungsstruktur einnimmt, wie beispielsweise bei den reinen Ausdauersportarten oder im Sprintbereich.

Handball, Basketball, Tennis, Eishockey, Feldhockey und Fußball stellen hohe Anforderungen an den Ausdauerbereich und gleichzeitig an die Schnelligkeit. Der Typ II wird demnach dominieren, mit einem Anteil von 30 bis 40 % Typ II -Fasern.

Volleyball und Tischtennis stellen weniger hohe Anforderungen an den Ausdauerbereich, sodass hier der Anteil der Typ-I-Fasern etwas geringer ausfallen dürfte. Abhängig ist die Verteilung aber auch davon, wie intensiv und umfangreich z.B. die Ausdauer trainiert wird. Im TT findet man max. Sauerstoffaufnahmevermögen von über 60 ml/kg Körpergewicht bei den männlichen deutschen Weltklassespielern.

Beim Kugelstoßen wird ein sehr hoher Anteil an Typ-IIx -Fasern dominieren.

Frage 10:
Welche Anpassungserscheinungen ergeben sich durch Krafttraining in: den Mitochondrien, Kontraktionsgeschwindigkeit, Enzymen, Enzymen der Glykolyse, Enzymen des aeroben Metabolismus und den intramuskulären Speicherkapazitäten?

Krafttraining	Anpassungen und Auswirkungen
Hypertrophie	**Massenzunahme** der Muskulatur durch Vergrößerung des Myofibrillenquerschnitts und Zunahme der Myofibrillenzahl
Hyperplasie	Datenlage uneinheitlich, maximaler Anteil am gesamten Muskelwachstum zwischen 3 und 5 %
Fiederungswinkel der Muskulatur	Beim Musculus quadriceps femoris (Oberschenkelvorderseite) kommt es zu einer Vergrößerung des Fiederungswinkels. Dadurch können mehr Myofibrillen an einer größeren Fläche der Sehne ansetzen.
Kapillargefäße	keine Zunahme
Anpassung der Mitochondrien	• Zunahme der Volumendichte und Oberfläche der Membranen • Kombiniertes Kraft- und Ausdauertraining führen zu einem geringen Anstieg.
Anpassung des Faserspektrums an Kraft- und Ausdauertraining	• Es kommt zur Hypertrophie in erster Linie der FTa- und FTx-schnellkräftigen Fasern. • Es kommt zur Umwandlung von schnellzuckenden und schnell ermüdbaren Typ-IIx-Fasern in langsamere Muskelfasern.

Frage 11:
Ist es nach dem Prinzip der Signaltransduktion sinnvoll, Krafttraining und Ausdauertraining in unmittelbarer zeitlicher Nähe, z.B. an einem Tag, zu trainieren?

Nein, dies ist nach dem Prinzip der Signaltransduktion nicht sinnvoll. Die einzelnen Muskelfasertypen sind in der Lage, sich an bestimme Trainingsbelastungen mehr oder weniger stark anzupassen. Daher ist es vor Trainingsbeginn wichtig, das Ziel festzulegen, welches man mit dem Krafttraining resp. Ausdauertraining verfolgen möchte. Durch die angewandte Trainingsmethode wird dann bestimmt in welche Richtung die Muskelanpassung durch das Training erfolgen wird.

4 Ausdauertraining

Frage 1:
Beschreiben Sie möglichst genau, was man unter Ausdauer versteht, und begründen Sie, welche Vorteile eine gute Ausdauer Sportlern in Spielsportarten bietet. Welche Nachteile hat es, in Sportspielen über eine ungenügende Ausdauer zu verfügen? Begründen Sie Ihre Erkenntnisse.

Unter Ausdauer versteht man die psychische und physische Ermüdungswiderstandsfähigkeit des Sportlers. Sie schließt die Erholungsfähigkeit mit ein. Beim Ausdauertraining bieten sich folgende Vorteile:

- Man kann eine Belastungsintensität relativ lange aufrechterhalten.
- Die Verluste der Belastungsintensität können über die Dauer der Belastung geringgehalten werden.
- Die sportliche Technik kann über einen längeren Zeitraum stabil gehalten werden.
- Eine hohe Qualität der Taktik und der Konzentration kann relativ lange gewährleistet werden (Kognitionen).
- Das Verletzungsrisiko gegen Ende von Belastungen sinkt.

Eine gut trainierte Ausdauer ermöglich es Sportlern (hier: Mannschaftssportarten/ Spielsportarten wie Fußball, Handball, Basketball, Hockey, Eishockey, Tischtennis oder Tennis), ein umfangreiches und intensives Training ohne große Leistungsverluste absolvieren zu können. Im Fußball, wo zwischen 11 und 14 km pro Spiel zurückgelegt werden, unterstützt sie auch die laufende Regeneration, also die Regeneration im Spiel selbst. Eine gut trainierte Grundlagenausdauer ist für die Sportler der oben genannten Sportarten die entscheidende Basis für ihre Regenerationsfähigkeit. Wer ausdauertrainiert ist, regeneriert z.B. in der Halbzeitpause oder in der Pause zwischen den Sätzen schneller. Eine internationale Meisterschaft wird nicht durch Ermüdung beeinträchtigt, die von Tag zu Tag sich steigert.

Umgekehrt führt eine ungenügend trainierte Ausdauer in all den oben aufgeführten Bereichen zu Nachteilen.

Frage 2:
Beschreiben Sie, wie wichtig die Grundlagenausdauer für Sie ist und was Sie selbst dafür tun.

Individuelle Schülerlösung

Frage 3:
Welche Rolle spielt die Ausdauer in der Sportart/Disziplin, die Sie aktuell schwerpunktmäßig in Ihrem Sportkurs durchführen? Begründen Sie.

Individuelle Schülerlösung

Frage 4:
Vergleichen Sie die extensive Intervallmethode und die Dauermethode für sich, indem Sie beide an abwechselnden Tagen im Grundlagenausdauerbereich trainieren. Wie beurteilen Sie beide Trainingsmethoden für sich? Welche Durchführung fiel Ihnen leichter, welche schwerer?

Individuelle Schülerlösung

Frage 5:
Charakterisieren Sie die unterschiedlichen Arten der Ermüdung. Versuchen Sie an sich selbst festzustellen, welche Ermüdungsarten Sie nach langen, anstrengenden körperlichen Belastungen empfinden. Tauschen Sie sich mit Mitschüler/innen über Ihre Wahrnehmungen aus.

Die Ermüdung ist ein sehr komplexes Geschehen. Es handelt sich um eine reversible Herabsetzung und Einschränkung der Funktions- und Leistungsfähigkeit des menschlichen Organismus sowohl im psychischen als auch im physischen Bereich. Es gibt verschiedene Schweregrade der Ermüdung, leicht-mittel-schwer, deren Übergänge fließend sind. Nach der schweren Ermüdung folgt die Erschöpfung. Die Ermüdung oder auch die Erschöpfung können während oder nach einer Belastung auftreten.

Man unterscheidet **4 Arten der Ermüdung** im Sport: 1. Die metabolische Ermüdung (Energiestoffwechsel); 2. Die nervale Ermüdung (peripher oder zentral); 3. Die psychologische/ emotionale Ermüdung (emotionale und soziale Stressoren); 4. Die umweltbedingte Ermüdung / Reiseermüdung

Zusätzlich: Individuelle Schülerlösung

Frage 6:
Wählen Sie Ihnen bekannte Sportarten bzw. Disziplinen aus, in denen unterschiedliche Ermüdungsarten dominieren. Begründen Sie Ihre Entscheidung.

Ermüdungsart	Sportart/Disziplin
metabolische Ermüdung	400-m-Lauf, 500-m-Eisschnelllauf; hier wird sehr stark der anaerob laktazide Stoffwechsel beansprucht
nervale Ermüdung	Techniktraining, Bewegungslernen, propriozeptives Training; das Zentralnervensystem wird hier sehr stark angesprochen, beim Techniktraining muss man sehr konzentriert sein, ebenso beim Bewegungslernen (Kognition); das Training der Propriozeption (Eigenwahrnehmung) beansprucht ebenfalls sehr stark das Zentralnervensystem;
psychologische/emotionale Ermüdung	Endkampf- oder Endspielteilnahme, sehr lange und intensive Belastungen (z. B. Marathon, Triathlon); Endkampf- oder Endspielteilnahmen fordern die Emotionen sehr stark, die Willenskraft wird maximal beansprucht; dies trifft auch auf sehr lange Belastungen zu. Ein WM-Schachspiel wäre hier einzuordnen.
umweltbedingte Ermüdung/ Reiseermüdung	viele, vor allem längere Reisen in andere Klimazonen oder Zeitzonen; Zeitverschiebungen stressen und ermüden dadurch den Sportler, Schlafmangel kommt hinzu. Dies gilt vor allem für längere Flugreisen nach Osten

Frage 7:
Ein Spieler meint, dass er zu stark ermüdet für ein Auslaufen und Ausdehnen nach dem Training sei. Wie beurteilen Sie dieses Verhalten?

Das Auslaufen darf nicht wie eine zusätzliche Belastung nach der Trainings- oder Wettkampfbelastung geplant bzw. durchgeführt werden. Also weder die zeitliche Dauer noch die Intensität dürfen zu lange bzw. zu hoch sein. Ist das Auslaufen oder auch Nachdehnen zu intensiv oder zu lang, kann sich das kontraproduktiv auf die Regeneration auswirken. Bei einem zweimaligen Training pro Tag sollte aus methodischer Sicht jedoch auf eine regenerative Maßnahme nach der ersten Trainingseinheit nicht verzichtet werden. Es gibt Berichte darüber, dass eine zweite Trainingsbelastung dann besser vom Sportler toleriert wird.

Frage 8:
Woran kann man erkennen, dass Sportler/innen sich unterschiedlich schnell nach einer starken Belastung erholen? Worauf führen Sie dies zurück?

Die Regeneration kann individuell sehr unterschiedlich ablaufen, wie sich an der psychischen und physischen Reaktion des Sportlers erkennen lässt. Mental macht der Sportler einen erholten Eindruck und ist bereit für die nächste Belastung. Körperlich ist der Sportler ebenfalls in der Lage wieder belastet zu werden, Ermüdungserscheinungen wirken sich nicht hinderlich aus. Zurückführen kann man dies auf genetische Ursachen oder auf einen insgesamt besseren Trainingszustand des Sportlers. Objektiv kann man eine schnellere Erholung an der schnelleren Beruhigung der Atmung erkennen sowie einem schnelleren Pulsfrequenzabfall nach der Belastung.

Frage 9:
Charakterisieren Sie das HIT-Training. Welche Vorteile bietet es? Zu welchen Zwecken eignet es sich besonders gut, wann eignet es sich nicht? Begründen Sie Ihre Entscheidung.

Im Grunde genommen handelt es sich bei dem HIT-Training um eine Abwandlung der Intensiven Intervalltrainingsmethode. Durch HIT-Training wird ein größeres Muskelfaserspektrum aktiviert, da auch die schnelleren Typ-II-Fasern hinzu geschaltet werden. Das Grundprinzip des Belastungsgefüges sieht folgendermaßen aus:

- Belastungsintensität: 95–100 % der VO_2max
- Belastungsdauer: 15 Sekunden bis 8 Minuten
- Verhältnis Belastung: Erholung = 1:1 oder 2:1

Es ersetzt nicht das aerobe Grundlagenausdauertraining sondern ergänzt dieses. Ohne eine solides aerobe Grundlagenausdauer ist es nicht ratsam, ein HIT-Training durchzuführen. Über einen Zeitraum von 6 Wochen bis 3 Monate Dauer erwies es sich als effektivere Trainingsmethode als die Dauermethode im Hinblick auf das maximale Sauerstoffaufnahmevermögen. Das HIT-Training hat insbesondere im Leistungssport Fußball eine weitere Verbreitung erfahren. Für den Gesundheitssport ist interessant, dass es günstige Effekte auf die Risikofaktoren der Herz-Kreislauferkrankungen und Diabetes haben kann. Weitere Charakteristika des HIT-Trainings:

- kann abwechslungsreich in das Training integriert werden
- auch für besser Ausdauertrainierte sehr effektiv anwendbar
- Zeitersparnis, da aerobe und anaerobe Anpassungen erfolgen
- Es verbessert die Pufferkapazität der Skelettmuskulatur
- Es rekrutiert beim Training mehr Muskelfasern
- zudem bei Kindern und Jugendlichen einsetzbar

Frage 10:
Worin liegen die Unterschiede der sog. „*Hottenrott-Formel*" zum Training der Grundlagenausdauer im Vergleich zu anderen Ihnen bekannten Faustformeln zum Training der Grundlagenausdauer? Begründen Sie.

Prof. *Hottenrott* entwickelte eine besondere Formel zur Berechnung der Trainingsherzfrequenz im Ausdauertraining. Er berücksichtigt dabei gleich mehrere wichtige Modulare, was in anderen Formeln nicht der Fall ist. Daher eignet sich diese Formel in ganz besonderer Weise. Die Modulare sind folgende:

- **Sportart**, in der das Ausdauertraining erfolgen soll; Beispiel: ob ich zwei Stunden laufen gehe oder zwei Stunden Rennrad fahre ist ein großer Unterschied;
- **Alter** des Trainierenden: es ist bekannt, dass mit zunehmendem Alter sich z.B. die maximale Herzfrequenz abnimmt
- **Geschlecht:** Frauen haben bei gleicher Leistung eine um 10–20 % erhöhte Herzfrequenz.
- **Leistungsfähigkeit des Trainierenden**: für die Trainingsanpassung über die Reizstufenregel ein entscheidender Faktor; wichtiges Charakteristikum der Formel
- **Dauer** der Belastung: Die Dauer der Belastung spielt für die Belastung des Herz-Kreislauf-Systems eine wichtige Rolle.

Frage 11:
Beurteilen Sie folgende Aussage: „Grundlagenausdauer sollte man an der anaeroben Schwelle bei 4 mmol/l trainieren, damit es besonders effektiv ist."

In der Trainingslehre ist dies eine bekannte Empfehlung zum Ausdauertraining. Die Empfehlung ist jedoch sehr allgemein gehalten und nicht präzise genug. Problematisch ist gerade das Wort „man", denn dies berücksichtigt keine der oben bei der *Hottenrott*-Formel genannten Modulatoren. Wer ist „man", wie alt ist „man", ist „man" eine Frau (wo steht die Frau im Zyklus?) oder ein Mann, und wie gut ist „man" trainiert? In welcher Sportart/Disziplin soll „man" trainieren? Im Bereich von 4mmoll/l kann ein Sportler zudem nur trainieren, wenn er schon sehr gut ausdauertrainiert ist. Trifft dies zu, ist das Training in diesem Bereich sehr effektiv. Fragen können nur beantwortet werden, wenn mehr über die Modulatoren bekannt ist.

Frage 12:
Im Internet findet man zahlreiche Ausdauertrainingspläne. Analysieren Sie davon 3 genauer. Identifizieren Sie die Merkmale der dort beschriebenen/gezeigten Trainingsmethoden. Vergleichen Sie diese anschließend mit einem Mitschüler, der das Gleiche getan hat. Welche Gemeinsamkeiten bzw. Unterschiede stellen Sie dabei fest?

Individuelle Schülerlösung

Frage 13:
Führen Sie einen der oben genannten Ausdauertests allein, zu zweit oder mit einer kleinen Gruppe an Mitschüler/innen Ihres Sportkurses durch und besprechen Sie hinterher die Ergebnisse miteinander. Waren die Ergebnisse so zu erwarten?

Individuelle Schülerlösung

Frage 14:
Einerseits sagt man: „Nicht die Strecke tötet, sondern das Tempo!" Wie kommt man zu dieser Aussage? Versuchen Sie dies zu erläutern.
Andererseits sagt man auch: „Nicht nur das Tempo kann töten, sondern auch die Strecke!" Welche Grundüberlegung steckt hinter dieser Aussage? Versuchen Sie dies ebenfalls zu erläutern.

Das grundlegende Problem ist, was man genau unter „die Strecke", was man unter „tötet" versteht und was „Tempo" bedeuten soll. Allgemein ist mit der ersten Trainingsempfehlung gemeint, dass ein zu hoch gewähltes Tempo bei einer Ausdauerbelastung den Sportler in einen Stoffwechselbereich bringen kann, der zu einer schnelleren Ermüdung führt und diesen u.U. sogar zum Abbruch der Trainingseinheit zwingen kann, wenn die Übersäuerung der Muskulatur dadurch zu stark wird.

Das Problem bei der zweiten Trainingsempfehlung ist, das unklar ist, was man genau unter „Tempo" versteht, und was unter „tötet" bzw. „die Strecke". Bei der zweiten Trainingsempfehlung geht es darum, dass eine zu lange Belastung zu einer Ermüdung oder Erschöpfung führen kann, die aufgrund von Energiemangel oder orthopädischen Problemen den Sportler zum Abbruch zwingen kann. Anpassungserscheinungen sind bei derartigen Belastungen fraglich.

Beide Trainingsempfehlungen sind viel zu oberflächlich und ungenau und eignen sich nicht für eine vernünftige, d.h. gezielte und effiziente Trainingsplanung.

5 Krafttraining

Beispiel A: Skiabfahrtsläufer

Bei der Ski-WM 2005 in Bormio gewann der Amerikaner *Bode Miller* den Abfahrtslauf der Herren in einer Zeit von 1:56,55 Minuten.

Fragen:

- Welche Kraftfähigkeiten benötigt man im alpinen Skisport speziell in der Abfahrt? Begründen Sie Ihre Entscheidung.
- Welche Arbeitsweisen der Muskulatur treten während des Rennens auf? Begründen Sie Ihre Entscheidung.

Antworten:

Ein Ski-Abfahrtsläufer benötigt unterschiedliche Kraftarten. Er benötigt die Schnellkraft, um sich schnell und explosiv aus dem Starhäuschen abstoßen zu können. Während der Abfahrt benötigt er Kraftausdauer in der Beinmuskulatur, um sich dauerhaft bzw. so lange wie möglich in der tiefen Abfahrtshocke halten zu können. Nach Sprüngen benötigt er Kraft in der Beinmuskulatur, um diese Sprünge (z.T. 30 bis 40 Meter weit) sicher abfangen zu können und schnelle Richtungswechsel danach technisch sicher einleiten zu können. Die Maximalkraft stellt dafür eine wichtige Basis dar. Es finden Mischformen von Q-Training und IK-Training sowie Reaktivkrafttraining statt. Die ungeheuren Kräfte, die heutzutage auf einen Abfahrer/eine Abfahrerin wirken machen es zudem notwendig, dass der gesamte Körper also die Halsmuskulatur, die Rumpfmuskulatur (Rücken, Bauch, seitlicher Rumpf), Arme- und Schultermuskulatur gekräftigt werden. Nur so kann der Skirennläufer seine gesamte Köperposition entsprechend kontrollieren. Zudem wirkt diese Muskulatur prophylaktisch gegen Verletzungen bei Stürzen.

Um die Abfahrtshocke möglichst lange während der Fahrt stabilisieren zu können, benötigt der Abfahrer/in die isometrische Kraftentfaltung des Muskels. Die Oberschenkelmuskulatur arbeitet zudem viel exzentrisch-konzentrisch beim Abfangen der vielen kleineren und größeren Sprünge.

Beispiel B: Bodybuilder, Hochspringer

Ein Bodybuilder und ein Hochspringer treffen sich im Fitnessstudio, um dort ein Krafttraining zu absolvieren.

Fragen:

- Welche Kraftfähigkeiten trainieren die beiden gezielt für ihre Sportarten/Disziplinen? Begründen Sie Ihre Entscheidung.
- Nach welcher Maximalkrafttrainingsmethode trainiert der Bodybuilder, nach welcher der Hochspringer? Beschreiben Sie das Belastungsgefüge der beiden Methoden so genau wie möglich.

Antworten Bodybuilder:

Der Bodybuilder trainiert seine Muskulatur in Zielrichtung Muskelquerschnittsvergrößerung, der Kraftzuwachs ist dabei eher ein nebensächlicher Effekt. Das Krafttraining wird als Hypertrophietraining organisiert. Damit der Muskelaufbau zusätzliche Stimulation erfährt, werden im Bodybuilding weitere Prinzipien genutzt:

- **Prinzip des Splittrainings**: unterschiedliche Körperteile an unterschiedlichen Tagen oder vormittags Beine, nachmittags Rumpf
- **Prinzip der Intensivwiederholungen**: bei ermüdungsbedingtem Muskelversagen mit Hilfe eines Partners
- **Prinzip der abgefälschten Wiederholungen**: z.B. durch Schwungholen die Bewegung unterstützend
- **Prinzip der Teilbewegungen**: nach dem ermüdungsbedingten Versagen der Muskulatur werden weitere Bewegungen mit reduziertem Gewicht ausgeführt.
- **Prinzip der Supersätze**:
  - **Variante 1**: Es wird ein Satz für die Agonisten einer Übung und nachfolgend für den Antagonisten der gleichen Übung durchgeführt.
  - **Variante 2**: Der zweite Satz wird für die gleiche Muskelgruppe mit einer anderen Übung ausgeführt; Pause: solange wie der Hantelwechsel dauert.
- **Prinzip der Reduktionssätze**: Das Gewicht wird unmittelbar nach dem ermüdungsbedingten Versagen der Muskulatur um 20–25 % reduziert und es wird sofort weitertrainiert.

Antworten: Hochspringer

Der Hochspringer benötigt Sprungkraft mit explosiver Ausführung. Die Sprunghöhe soll maximiert werden. Die Maximalkraft ist bei Krafteinsätzen, die gegen hohe Lasten länger als 200ms andauern, wie beim Hochsprung und Weitsprung, von eminent wichtiger Bedeutung. Ein Bestandteil des Krafttrainings ist das Maximalkrafttraining nach der IK-Methode, da der Hochspringer keinen Zuwachs an Muskelmasse benötigt, da diese für das Überwinden der Lattenhöhe hinderlich wäre. Wichtig für die Sprungkraft sind Startkraft und Explosivkraft.

Es kann nach den folgenden Methoden trainiert werden:

	Schnellkraftmethode 1	Schnellkraftmethode 2
Arbeitsweise der Muskulatur	konzentrisch	konzentrisch
Intensität	Last: 30–50 %	Last: 50–60 %
Durchführungsgeschwindigkeit	schnell	schnell
Dauer der Übung	6–12 Wiederholungen	6–8 Wiederholungen.
Pause	Serienpause > 2 Minuten	Serienpause > 3 Minuten
Umfang	3–5 Serien	3–5 Serien

Beispiel C: Jugend-Basketballmannschaft

In einer Basketball-Jugendmannschaft (Spielalter: 17 Jahre) soll ein spezifisches Circuittraining durchgeführt werden.

Fragen:

- Welche Kraftfähigkeiten sind im Basketball wichtig? Begründen Sie Ihre Entscheidung.
- Welche Arbeitsweisen der Muskulatur treten im Basketball auf?
- Beschreiben Sie kurz ein Circuittraining mit 6 Stationen. Geben Sie bei jeder Station die primär beanspruchte Muskulatur an und begründen Sie, wieso diese für den Basketballspieler wichtig ist.
- Welches Belastungs-Pausen-Verhältnis wählen Sie bei einer Freizeitmannschaft, welches bei einer leistungssportlichen Mannschaft?

Antworten:

Ein Basketballspieler benötigt für das Springen primär seine Sprungkraft. Für das Zweikampfverhalten ist es aber zudem wichtig, dass ein Basketballer über eine sehr gut trainierte Rumpfmuskulatur verfügt. Für die häufigen Fast Breaks benötigt er zudem für diese Sprints die Startkraft und Explosivkraft. In der tieferen Defense-Position ist ebenfalls Kraftausdauer in den Beinen notwendig. Wenn man nach einem Sprung zum Brett nochmals zu einem Rebound hochspringen muss, kommt es zu einem langen Dehnungs-Verkürzungs-Zyklus in der Muskulatur. Es kommt zu Mischformen des Krafttrainings durch Q-Training, IK-Training und Sprungkrafttraining/Reaktivkrafttraining.

- Es dominiert die auxotonische Kontraktionsform des Muskels. Es kann aber auch zu konzentrischer Arbeitsweise (Sprung) sowie exzentrischer Arbeitsweise (Landung/Abfangen nach dem Sprung) kommen.
- Circuittraining:

Station 1	Wechselsprünge auf kleinem Kasten: Sprungkraft der Beine
Station 2	Spiderman-Liegestütz: Kräftigung des Arm-Schulter-Bereichs, der Bauchmuskulatur sowie der Beinmuskulatur

Station 3	Seilspringen: Training der Sprungkraft der Beine
Station 4	*Russian Twist*: Kräftigung der geraden und schrägen Bauchmuskeln, Arm-Schulter-Kräftigung
Station 5	prellender (reaktiver) Sprung vom kleinen Kasten mit minimaler Bodenkontaktzeit auf einen gegenüberstehenden kleinen Kasten Landung im 120-Grad-Winkel von Oberschenkel zu Unterschenkel: Sprungkraft der Beine
Station 6	Seitstütze mit Untendurchgreifen: Kräftigung der Schulter- und Armmuskulatur sowie der seitlichen Rumpfmuskulatur

Frage 1:
Ordnen Sie den verschiedenen Kraftarten jeweils Sportarten bzw. Disziplinen zu, bei denen diese von Bedeutung sind. Begründen Sie dabei Ihre Entscheidung.

- Die Maximalkraft, welche primär im Gewichtheben benötigt wird. Darüber hinaus spielt sie noch eine Rolle im Kugelstoßen, Diskuswurf oder Hammerwerfen oder im Speerwurf. Für Sprungkraft ist sie auch wichtig.
- Reaktivkraft: Sie tritt beim 100-m-Sprint in der Stützphase auf, bei bestimmten Sprüngen im Volleyball oder Basketball. Auch in der Beinarbeit von TT-Spielern tritt sie auf.
- Schnellkraft kann in Form von Wurfkraft (Schusskraft), Schlagkraft oder Sprungkraft auftreten. Man benötigt sie im Karate, Boxen, Handball, Fußball, Tennis, Volleyball oder Basketball.
- Kraftausdauer findet man im Radsport (Straße und v.a. beim MTB), Klettern, Rudern, Rennkajak, Wildwasser-Kanu Judo, Ringen oder beim Turnen (Ringe /Seitpferd)

Frage 2:
Welche kraftbestimmenden Faktoren kennen Sie? Welche sind trainierbar? Welche sind nur schwer bzw. sogar nicht trainierbar?

Muskelquerschnitt: Je größer der Querschnitt, desto höher ist die Kraftentwicklung; kann gezielt trainiert werden.

Muskelfaserart: schnellzuckende FT-Fasern können mehr Kraft entwickeln als langsam zuckende ST-Fasern. Der *shift* ist von Typ-II-a zu Typ-I-Fasern ist möglich; eine Umwandlung von Typ-I-Fasern in Typ II-a-Fasern ist nicht möglich.

Inter- und intramuskuläre Koordination: Je mehr Muskelfasern eines Muskels sich an einer Kontraktion beteiligen, desto höher ist die Kraft (= intramuskuläre Koordination). Je besser das Zusammenspiel der an einer Bewegung beteiligten Muskeln ist (= intermuskuläre Koordination), umso größer ist die Kraft, die entfaltet werden kann. Beides ist trainierbar.

Fiederungswinkel der Muskulatur: Krafttraining führt bei gefiederten Muskeln (z. B. *quadriceps femoris* an der Oberschenkelvorderseite) zu einer Winkelvergrößerung zwischen Wirkungsrichtung des Muskels und der Längsachse der Fasern (Fiederungswinkel). Dieser steilere Ansatzwinkel der Muskelfasern an der Sehne ermöglicht es mehr Myofibrillen, an einer größeren Fläche der Sehne anzusetzen. Dies führt zu einer Kraftsteigerung und ist durch Krafttraining trainierbar.

Energiebereitstellung: Die Energieflussrate (Schnelligkeit der Energiebereitstellung) spielt eine große Rolle, insbesondere ATP und KP. Bei länger andauernden zyklischen Belastungen wird zusätzlich die glykolytische Energiebereitstellung beansprucht. Ist trainierbar, auch die Ernährung spielt dabei eine Rolle.

Motivation und Willen: Sehr hohe Muskelanspannungen erfordern vom Sportler sehr hohe Willensfähigkeiten. Im Wettkampf kann man dadurch noch mehr Kraft entfalten. Kann sportpsychologisch trainiert/verbessert werden.

Beherrschungsgrad der sportlichen Technik: Je besser eine sportliche Technik beherrscht wird, umso besser kann das vorhandene Kraftpotenzial des Sportlers leistungsförderlich und leistungsunterstützend eingesetzt werden. Kann über Technikoptimierung trainiert werden.

Frage 3:
Ein Freikletterer und ein Schwimmer unterhalten sich. Beide sagen, ich benötige in meiner Sportart Kraft. Wo liegen Gemeinsamkeiten? Wo die Unterschiede? Begründen Sie Ihre Entscheidung.

Klettern ist in erster Linie durch eine kraftbetonte Belastung der oberen Extremitäten gekennzeichnet, während die unteren Extremitäten eine stützende stabilisierende Funktion übernehmen. Im Freiklettern spielt die relative Kraft eine große Rolle. Die Dauer der Gesamtbelastung variiert je nach Art der Durchführung und Routenwahl zwischen einigen Minuten bis hin zu Stunden.

Physiologisches Anforderungsprofil beim Klettern:

- Bei Indoor Kletterbelastungen mit Belastungen im Minutenbereich steht die **lokale Muskelausdauer** im Vordergrund.
- Bei mehrstündigen Klettertouren in den Bergen spielt die **Ausdauerleistungsfähigkeit** eine leistungsbestimmende Rolle.
- Aufgrund der hohen isometrischen Anteile steht die lokale Muskelausdauer mit **anaerobe, alaktazide** und **laktazide** Energiebereitstellung im Vordergrund.
- Eine ausgeprägte **Grundlagenausdauer** unterstützt die kurz- und langfristige Regenerationsfähigkeit.

In verschiedenen Studien ist das physiologische Belastungsprofil während des Kletterns an einer Indoor-Kletterwand überprüft worden. *Watts* et al. (2000) untersuchten die **Sauerstoffaufnahme** und die **Herzfrequenz** innerhalb einer 3-minütigen Kletterphase bei professionellen Sportkletterern. Es ergaben sich eine mittlere Sauerstoffaufnahme von 24,7 mL pro kg Körpergewicht sowie eine mittlere Herzfrequenz von 148 Schlägen pro Minute. Nach einer Minute aktiver bzw. passiver Erholung zeigte sich ein **Laktatwert** von 5,7 bzw. 6,8 mmol/L.

Eine deutliche höhere Sauerstoffaufnahme sowie Herzfrequenz ließen sich bei einer längeren Belastungsdauer erkennen. Während einer Belastungsdauer von 7:36 Minuten zeigte sich eine mittlere Sauerstoffaufnahme von 32,8 ml pro kg Körpergewicht und eine Herzfrequenz von 157 Schlägen pro Minute. Der Laktatwert lag bei 4,5 mmol/L (www.spomedial.de).

Auch im **Schwimmen** spielt die Kraft eine Rolle, wenngleich nicht dieselbe wie im Klettern. Die Kraftausdauer geht stärker in die Richtung des ausdauerbetonten Kraftausdauertrainings. Wasser hat einen deutlich größeren Widerstand als Luft; neben dem Druck- und Reibungswiderstand kommt der Wellenwiderstand hinzu, der mit der 4. Potenz der Geschwindigkeit ansteigt. Der Schwimmsport stellt im Vergleich zum Klettern höhere Ansprüche an die allgemeine und lokale Ausdauer sowie die Koordination, Flexibilität, Grundschnelligkeit und die dynamische Kraft. Nach einem 100-m-Sprint konnten 14 mmol/L Laktat gemessen werden, bei einem 800-m-Rennen immerhin noch 7,3 mmol/L. Im Training wird sehr häufig im Bereich von 4 mmol/L trainiert. Es konnten Korrelationen zwischen durchgeführtem Krafttraining an Land und der Schwimmgeschwindigkeit festgestellt werden. Es besteht eine direkte Beziehung zwischen der Größe der Kraftsumme, also den Muskeln, die beim Schwimmen eine Rolle spielen, und der maximalen Schwimmgeschwindigkeit.

Frage 4:
Nach welcher Trainingsmethode sollte ein Hochspringer Maximalkraft trainieren, nach welcher ein Gewichtheber? Erklären Sie, wie die beiden jeweils trainieren sollten.

Bei einem **Hochspringer** ist die Maximalkraft nach der IK-Methode zu trainieren, da eine zu große Zunahme der Muskelmasse für ihn extrem hinderlich wäre, da er dieses „zusätzliche Gewicht" auch noch über die Latte befördern müsste. Nicht umsonst sind Hochspringer extrem schlank.

Der **Gewichtheber** muss durch Krafttraining versuchen, seine Muskelmasse zu erhöhen; dies aber nur im Rahmen seiner Gewichtsklasse, in der er startet. Da möglichst viele Muskelfasern an der Kontraktion mitarbeiten sollen, ist eine Kombination aus IK-Training und für die Massenzunahme ein Q-Training zu empfehlen.

Frage 5:
Wäre es für einen Diskuswerfer der Weltklasse in Ordnung, nach einer Bodybuilding-Methode sein Krafttraining durchzuführen? Erörtern Sie dies und begründen Sie, wie er am besten trainieren sollte.

Das Ziel eines **Diskuswerfers** im Kraftbereich ist es, zunächst einmal nicht nach einer Bodybuildingmethode, also auf Muskelmasse hin, zu trainieren. Beim Diskuswurf kommt es vielmehr sehr stark auch auf die Technik an, die unter zu viel Muskelmasse leiden würde. Auch Schnelligkeit und Beweglichkeit sind wichtig, und zu viel Muskelmasse wäre für die Beweglichkeit eher hinderlich. In der Vorbereitungsperiode wird eine Mischung aus verschiedenen Krafttrainingsmethoden angewendet, wobei das Q-Training überwiegt. Während der Wettkampfsaison überwiegt das IK-Training, zu sehen auch in Videos des deutschen Weltmeisters und Olympiasiegers (London 2012) *Robert Harting*, der z. B. Bankdrücken mit 200 kg und Frontkniebeugen mit 180 kg durchführt.

Frage 6:
Beschreiben Sie das methodische Vorgehen beim Einwiederholungsmaximum-Test. Für welche Sportler eignet sich dieser Test ganz besonders, für welche nicht? Begründen Sie Ihre Entscheidung.

Das Einwiederholungsmaximum (EWM) für Leistungs- und Hochleistungssportler ist ein Krafttest. Dieser Test eignet sich besonders für Leistungs- und Hochleistungssportler (Profis). Die Bestimmung des Einwiederholungsmaximums ist wichtig, da üblicherweise die Intensitätsempfehlungen sich auf den prozentualen Anteil der dynamischen Maximalkraft beziehen. Diese Bestimmung stellt das gebräuchlichste Testverfahren zur Trainingssteuerung im Krafttraining dar.

Vorgehen: durch permanente Erhöhung der Gewichtsbelastung wird das Gewicht ermittelt, das der Sportler bei der Kraftübung gerade noch einmal bewältigen kann. Es entspricht 100 % der dynamischen **Maximalkraft**; im englischsprachigen Raum nennt man es **One Repetition Maximum oder 1RM**.

- Man fängt mit 5-10 Wiederholungen eines Gewichts an, welches weniger als 50 % des angenommenen EWM beträgt.
- Nach einer 1-minütigen Pause werden 3-5 Wiederholungen mit einem Gewicht durchgeführt, welches ca. 60-80 % des angenommenen Maximums beträgt.
- Nach einer weiteren 2-3minütigen Pause versucht man, das Gewicht auf 100 % des angenommenen Maximums zu erhöhen. Gelingt der Versuch, wird das Gewicht erneut erhöht, bei Oberkörperübungen um 2,5-5 kg, bei der Beinmuskulatur 5 bis 10 kg. Das Gewicht so lange steigern, bis es dann bei einem Versuch nicht mehr gelingt.
- Wenn der nächste Versuch nicht gelingt, wird nach einer Pause von 3 Minuten Dauer wieder ein Versuch durchgeführt. Dies macht man so lange, bis der Sportler das Gewicht einmal bewältigen kann. **Dieser Wert ist dann das Einwiederholungsmaximum (EWM).**

Für Kinder und Jugendliche sowie Breiten- und Freizeitsportler, Gesundheitssportler, Wiedereinsteiger, Untrainierte oder Ältere ist der Test ungeeignet, da er eine sehr hohe (eigentlich maximale) Belastung für den aktiven und passiven Bewegungsapparat und die Muskulatur darstellt und dadurch das Verletzungsrisiko erhöht ist. Für Menschen mit Bluthochdruckproblemen ist der Test ebenfalls ungeeignet.

Frage 7:
Beschreiben Sie das methodische Vorgehen beim Mehrwiederholungsmaximum-Test. Bei welchen Sportlern eignet sich dieser Test besonders? Begründen Sie Ihre Entscheidung.

Mehrwiederholungsmaximum (MWM) für Breiten- und Freizeitsportler (Krafttest)

Die Gewichtsbelastungen sind bei der Ermittlung des EWMs sehr hoch, und damit natürlich auch die Gelenkbelastungen für die Sportler. Daher wird im Breiten- und Freizeitsport die konzentrische Maximalkraftfähigkeit mit der Bestimmung des Mehrwiederholungsmaximums (MWM) bevorzugt. Es handelt sich für diese Zielgruppe um ein Krafttestverfahren.

Vorgehen: Das Mehrwiederholungsmaximum (MWM) wird als das Gewicht definiert, welches bei den Kraftübungen 10 Mal über den gesamten Bewegungsbereich bewegt werden kann.

- Der Sportler macht 5–10 Wiederholungen mit einem Gewicht, welches ca. 50 % des MWM beträgt.
- Nach einer Pause von einer Minute werden 5 Wiederholungen mit einem Gewicht von schätzungsweise 70 % des MWM durchgeführt.
- Nach einer weiteren 1-minütigen Pause werden 3 Wiederholungen mit einem Gewicht von geschätzten 90 % des MWM ausgeführt.
- Nach einer Pause von 2–3 Minuten wird das Gewicht nun auf 100 % des MWM gesteigert, das der Sportler 10 Mal bewältigen muss.
- Gelingt der Versuch, wird bei Oberkörperübungen um 2,5 bis 5 kg und bei Beinmuskulatur um 5 bis 10 kg gesteigert. Das Gewicht wird so lange gesteigert, bis es nicht mehr bewältigt werden kann.
- Wenn der Versuch nicht klappt, wird stufenweise reduziert, bei Oberkörperübungen um 2,5–5 kg, bei der Beinmuskulatur um 5–10 kg.
- Nach dreiminütiger Pause erfolgt ein weiterer Versuch. Dies wird nun so lange durchgeführt, bis der Athlet das Gewicht 10 Mal bewältigen kann. **Dieser Wert ist dann das Mehrwiederholungsmaximum (MWM).**

Es entspricht auch einem natürlicheren Vorgehen für Sportler sich an ihre Belastungsgrenze „heranzutasten“. In diesen Bereichen sollte daher der Wert des Mehrwiederholungsmaximums bestimmt werden.

Frage 8:
Was ist bei der methodischen Planung des Krafttrainings bei Anfängern, Fortgeschrittenen und Leistungssportlern zu berücksichtigen? Begründen Sie Ihre Entscheidung.

Hier eine Überblickstabelle, welche didaktisch-methodischen Aspekte man bei Anfängern, Fortgeschrittenen und Könnern berücksichtigen sollte:

Trainingsplanerstellung/ Zielgruppe	trainingsmethodische Empfehlungen
Anfänger	• Geringe bis keine Trainingserfahrung vorhanden • Intensivere Betreuung notwendig als bei Fortgeschrittenen • Müssen Techniken erlernen und verbessern (Geräte, Übungsausführung) • Müssen Trainingsmethoden kennenlernen • Belastungsintensität eher gering • Belastungsumfang im mittleren Bereich • Bewegungsausführung: langsam und gleichmäßig, mehrgelenkig • Konzentration auf die großen Muskelgruppen • Krafttrainingsgeräte gegenüber freien Hanteln bevorzugen
Fortgeschrittene	• Haben mindestens 6 Monate lang zweimal wöchentlich Krafttraining gemacht • Können stärker belastet werden • Es werden größere Muskelgruppen und auch kleinere Muskelgruppen trainiert • Bewegungsausführung: eingelenkig als auch mehrgelenkig, in offenen und geschlossenen kinematischen Ketten
Leistungssportler	• Sie haben bereits ein langjähriges und leistungsorientiertes Training im Kraftbereich hinter sich • Die Belastbarkeit ist entsprechend hoch • Zum Erzielen weiterer Fortschritte sollte das Krafttraining sehr variabel erfolgen • Entweder im Krafttrainingsbereich oder auch z.B. in Spielsportarten • Krafttraining ist fester Bestandteil des Trainingsregimes • Bei Kraftsportlern Ausrichtung des gesamten Trainingsplans auf Steigerung der Kraftleistung der Muskeln • Bei Sportarten ist das Krafttraining auf die Steigerung der Kraftleistung der Muskeln mittels sportartspezifischer (sportartgerichteter) Übungen ausgerichtet • Die Belastbarkeit ist bei Leistungssportlern hoch (durch mehrjähriges Training), die Belastungsnormative müssen stark variiert werden um weitere Anpassungen zu erzielen und das genetische Potential vollständig auszuschöpfen

Frage 9:
Welche Kraftart(en) steht/stehen in der Sportart/Disziplin im Vordergrund, die Sie gerade in Ihrem Sportunterricht durchführen? Begründen Sie Ihre Entscheidung.

Individuelle Schülerlösung

Frage 10:
Führen Sie in Ihrem Sportkurs den Jump-and-Reach-Test durch. Versuchen Sie die Ergebnisse vor dem Hintergrund zu interpretieren, welche Sportart die einzelnen Mitschüler/innen betreiben und versuchen Sie, dies zu erklären.

Individuelle Schülerlösung

Frage 11:
Im Internet findet man zahlreiche Krafttrainingspläne. Analysieren Sie davon 3 genauer. Identifizieren Sie die Merkmale der dort beschriebenen/gezeigten Trainingsmethoden. Vergleichen Sie diese anschließend mit einem Mitschüler/einer Mitschülerin, der/die das Gleiche getan hat. Welche Gemeinsamkeiten bzw. Unterschiede stellen Sie dabei fest?

Individuelle Schülerlösung

6 Schnelligkeit

Frage 1:
Was versteht man unter Schnelligkeit? Welche Arten der Schnelligkeit benötigt ein Tischtennisspieler, welche ein 100-m-Sprinter?

Definition Schnelligkeit:
Als Schnelligkeit wird die Fähigkeit bezeichnet, unter ermüdungsfreien Bedingungen in maximal kurzer Zeit motorisch zu reagieren und/oder zu agieren bzw. handeln zu können (vgl. *Hohmann/Lames/Letzelter/Pfeiffer* 2020)

Reaktionsschnelligkeit: Einfachreaktion (Sprinter) und Auswahlreaktion (Tischtennisspieler)

Handlungsschnelligkeit: Motorische und kognitive Komponente (Tischtennisspieler)

Bewegungsschnelligkeit: Azyklische Aktionsschnelligkeit (Tischtennis) und Zyklische Sprintschnelligkeit (Sprinter)

Antizipationsschnelligkeit: Bei der Auswahlantizipationsschnelligkeit muss der Sportler auf voraussehbare Aktionen seines sportlichen Gegners oder Mitspielers, des Sportgeräts (häufig: Ball) oder wechselnde äußere Bedingungen sowie Störeinflüsse schnell reagieren (Tischtennisspieler)

Entscheidungsschnelligkeit: Wenn man über eine größere Arbeitsgedächtniskapazität verfügt, verbessert man die Qualität von taktischen Entscheidungen und verringert falsches Handeln im Sportspiel (Tischtennisspieler).

Wie man erkennen kann, sind die Anforderungen an den Komplex Schnelligkeit bei einem Tischtennisspieler im Vergleich zu einem Sprinter sehr vielfältig. Entsprechend muss das Training ausgerichtet sein.

Agilität – Richtungswechselschnelligkeit: In vielen Sportarten, insbesondere in Sportspielen, spielt die Richtungswechselschnelligkeit (Agilität, engl. *agility*) eine sehr wichtige Rolle und stellt einen Schlüsselfaktor der Handlungsschnelligkeit dar. Schnelle Richtungswechsel erfordern eine hohe Reaktivkraftfähigkeit sowie eine spezielle Technik beim Abbremsen des eigenen Körpergewichts in kürzester Zeit und der darauffolgenden Beschleunigung (Tischtennisspieler).

Frage 2:
Wäre es sinnvoll, dass ein 100-m-Sprinter sein Schnelligkeitstraining nach der HIT-Methode durchführt? Erörtern Sie, was dafür sprechen würde und was dagegen.

Das HIT-Training ist eine Abwandlung des intensiven Intervalltrainings. Ein 100-m-Sprinter kann neben der Wiederholungsmethode auch nach der HIT-Methode bzw. Intensiven Intervallmethode trainieren.

Wiederholungsmethode:

- Belastungsdauer bei maximalen Sprints nicht länger als 6–8 Sekunden
- vollständige Pausen (pro 10 m/1,5 Minuten Pause)
- Steigerungsläufe bis 50–60 m (später 80 m) • Tempowechselläufe bis 60 m (20 m in/out/in) • fliegende (fl.) Läufe bis maximal 40 m (20-m-Anlauf): z. B. 30 fl. subm. oder 20 fl. max oder 30 fl. subm. oder 20 fl. max)
- Unterstützungsläufe – Bergabläufe bis 60 m (später 80 m) • Frequenzläufe über flache Markierungen • Läufe über progressive Abstandsmarkierungen • einseitig betonte Läufe (zu Beginn 30 später 60 m)

Der Einsatz von supramaximalen Sprintgeschwindigkeiten im Trainingsprozess ist ein probates Mittel zur Steigerung der Schrittfrequenz und Schrittlänge und demzufolge auch der maximalen Sprintgeschwindigkeit nach einer entsprechenden Anpassungsphase im Wettkampf. Zur Verwirklichung supramaximaler Belastungen im Sprinttraining können folgende Trainingsmittel eingesetzt werden: 1. Bergabläufe; 2. Speedy Pro-Unterstützungsläufe; 3. Zugunterstützungsläufe mit Elektromotor; 4. Gummibandläufe mit horizontaler Zugrichtung; 5. Gummibandläufe mit horizontaler Zugrichtung in Verbindung mit elektrischem Zug in vertikaler Richtung. Sinnvoll ist der Einsatz supramaximaler Sprintbelastungen in der Vorbereitungsperiode I/Abschnitt 3 und in der Vorbereitungsperiode II/Abschnitt 2. Diese Abschnitte sind in den jeweiligen Schwerpunkten durch einen speziellen Trainingsaufbau gekennzeichnet. Probleme mit supramaximalen Sprintbelastungen bestehen in der zeitlichen Anpassung in der maximalen Sprintgeschwindigkeit und in der erhöhten Verletzungsgefahr (vgl. *Schiffer* unter Verwendung wörtlicher Textpassagen, Quelle: www.bisp-surf.de/Record/PU200912007322).

- sehr kurze HIT-Sprinttrainingsläufe: 3 × 60 m, 4 × 80 m
- Weitere Sprintserien über 120, 150, 180 oder 200 m können je nach Ziel zusätzlich trainiert werden (Württembergischer Leichtathletik-Verband e. V. (WLV), *Seeger*, A., 2021 u. persönliche Mitteilung).

Das Sprinttraining ist zudem davon abhängig, ob der Athlet nur 100 m läuft oder auch, was viele tun, über 200 m an den Start geht. Dann werden auch Sprints über 100 m Länge trainiert.

Frage 3:
In der Talentsichtung hört man häufig Aussagen wie „Zum Sprinter wird man geboren" oder „Aus einem Esel macht man kein Rennpferd." Erklären Sie diese Aussagen und begründen Sie Ihre Entscheidung.

Sehr gute Sprinter können meist schon in ihrer Kindheit/Jugend feststellen, dass sie im Vergleich zu ihren Mitschülern/Freunden sehr schnell sind. Die Genetik beeinflusst die Schnelligkeit von Sprinter/innen zu 50-60 %. Insofern trifft es zu, dass man zum Sprinter geboren wird, also die genetische Veranlagung zu schnellen Muskelfasern mitbringt. Wer überwiegend langsame Fasern vererbt bekommen hat, kann nicht zu einem schnellen Sprinter werden, da die Muskelfasern vom Typ I nicht in Richtung Typ II a oder Typ II x veränderbar sind. Nichtsdestotrotz hat der Einsatz von optimalen Trainingsmethoden Auswirkungen auf die Entwicklung der Schnelligkeit auch bei Personen, die keine optimale muskuläre Ausstattung vererbt bekommen haben. Das heißt auch hier kann durch ein Training die Schnelligkeit in einem gewissen Rahmen verbessert werden.

Frage 4:
Ein ehemaliger Spieler eines deutschen Erstligaclubs und Nationalspieler im Fußball betonte in einem Interview nach Beendigung seiner Karriere, er habe „im Training nie mehr als 70 % gegeben". Wie beurteilen Sie diese Aussage im Hinblick auf das Schnelligkeitstraining und Trainingsmethodik allgemein?

Das Schnelligkeitstraining verlangt methodisch eine maximale Intensität. Mit einer 70-prozentigen Intensität lässt sich die Schnelligkeit nicht optimal entwickeln. Es handelt sich um einen schweren methodischen Fehler, wenn man mit einer mittleren Intensität die Schnelligkeit trainieren will.

Die Aussage ist auch aus moralischer Sicht problematisch, denn wenn ein Sportler anstelle von 100 % nur 70 % gibt, so sollte dies einem erfahrenen Trainer eigentlich auffallen. Auch den Trainingskollegen sollte dies aufgefallen sein. Von der Einstellung her ist diese Aussage auf diesem Spielniveau absolut inakzeptabel. Es kann natürlich auch sein, dass der Spieler sich geirrt hat oder den Reporter bewusst getäuscht hat. Er hat diese Aussage jedoch nie zurückgenommen.

Frage 5:
Charakterisieren Sie die beiden Reaktionsarten. Nennen Sie Sportarten, in denen diese vorkommen und begründen Sie Ihre Entscheidung. Wie gut können diese beiden Reaktionsarten jeweils trainiert werden?

Sportarten	Reaktionsart
Tischtennis, Tennis, Squash, Badminton	Auswahlreaktion
Fußball*, Hockey*, Eishockey*, Basketball*, Volleyball, Handball*, American Football, Wasserball*	Auswahlreaktion
leichtathletische Starts, Schwimmstarts, Eisschnelllauf	Einfachreaktion
Skirennen (Alpin), Mountainbike (Downhill)	Auswahlreaktion
Formel 1, Moto-GP, Motocross	Start: Einfachreaktion im Rennen: Auswahlreaktion
Baseball	Catcher: Auswahlreaktion Batter: Auswahlreaktion
Tanzsport (Paare Standard/Latein)	Auswahlreaktion
Karate (Kumite), Judo	Auswahlreaktion
*in den mit Sternen markierten Sportarten hat der Torwart im Vergleich zu den Feldspielern eine bessere Reaktionsfähigkeit.	

Die **Auswahlreaktion** kann stärker verbessert werden, nämlich zu 15–30 %, als die Einfachreaktion mit 10–15 % Verbesserungsmöglichkeiten.

Frage 6:
Beschreiben Sie, was man unter der Geschwindigkeitsbarriere versteht und wie man diese durch Training verbessern kann.

Die **Geschwindigkeitsbarriere** (Stagnation der Bewegungsschnelligkeit) ist insbesondere im Laufsprint und bei Armwurf-, Stoß- oder Schlagbewegungen in Spielsportarten zu berücksichtigen. Im Laufe des Trainings kommen Sportler aus diesen Sportarten häufig an einen Punkt, an dem keine Weiterentwicklung mehr möglich scheint. Die Ursachen dafür können in einer monotonen Anwendung der immer gleichen Trainingsmethoden sowie Übungen- oder Spielformen liegen. Denkbar ist auch eine zu frühe Spezialisierung im Sprintbereich ohne begleitende, z. B. die Schnellkraft fördernden Spezialübungen. Der Geschwindigkeitsbarriere kann man durch variables, abwechslungsreiches und vielseitiges Training entgegenwirken. Dabei sollte man folgende Reihenfolge beachten:

1. initiale Kräftigung der betroffenen Muskelgruppen
2. Einsatz erleichterter Bedingungen, welche eine erhöhte Bewegungsschnelligkeit ermöglichen
3. Stabilisierung der schnelleren Bewegungen (Dauer etwa 3–4 Monate) durch Anwendung in jeder Trainingseinheit

Bei einer vorhandenen Geschwindigkeitsbarriere kommen verschiedene Methoden zum Einsatz. Im Mittelpunkt des Trainings steht das Üben unter erleichterten und variierten Bedingungen. Das Laufen unter erleichterten Bedingungen wird auch als sprintunterstützendes bzw. supra- oder übermaximales Training bezeichnet. Die körperlichen Anforderungen an ein solches Training sind sehr hoch. Als Trainingsinhalte werden Abwärtsläufe, Läufe mit Rückenwind, Laufband und Schleppvorrichtungen verwendet.

Frage 7:
Im Internet findet man zahlreiche Schnelligkeitstrainingspläne. Analysieren Sie davon zwei genauer. Identifizieren Sie die Merkmale der dort beschriebenen/ gezeigten Trainingsmethoden. Vergleichen Sie diese anschließend mit einem/einer Mitschüler/in, der/die das Gleiche getan hat. Welche Gemeinsamkeiten bzw. Unterschiede stellen Sie dabei fest?

Individuelle Schülerlösung

Frage 8:
Beschreiben Sie 5 Sportarten, bei denen die Beschleunigung eine sehr wichtige Rolle spielt und erklären Sie Ihre Entscheidung anhand von dazugehörigen Praxisbeispielen. Wie kann ein Sportler sein Beschleunigungsvermögen trainieren?

- Tennis – der Spieler muss stark beschleunigen können, um sich richtig zum nächsten Schlag stellen zu können (essenziell für Beinarbeit); in verschiedene Richtungen notwendig (vergleichbar: Tischtennis, Badminton, Squash).
- Fußball – die Beschleunigung ist essenziell, um selbst mit oder ohne Ball möglichst schnell zum Ball oder mit dem Ball dem Gegner davonlaufen zu können; der Fußballer hat mitunter etwas mehr Zeit für den Beschleunigungsvorgang – hängt mit der Spielfeldgröße zusammen. Man benötigt sie als Verteidiger ebenso wie als Offensivspieler (vergleichbar: Feldhockey und Eishockey).
- Handball – Basketball: Die Beschleunigung ist essenziell, um selbst mit oder ohne Ball möglichst schnell zum Ball oder mit dem Ball dem Gegner davonlaufen zu können; für Tempogegenstoß (Handball) oder Fastbreak (Basketball) ist dies enorm wichtig; Sportler aus beiden Sportarten haben weniger Zeit zum Beschleunigen, da die Spielfelder deutlich kleiner als z.B. im Fußball sind. Für Offensive und Defensive wichtig.

Training der Beschleunigung

Die **Beschleunigungsfähigkeit** stellt für Spielsportler die entscheidende Schnelligkeitskomponente schlechthin dar. Das Beschleunigungsvermögen hängt dabei von der Beinkraft ab. Sportler mit besserer horizontaler und vertikaler Sprungkraft haben bessere Sprintzeiten. Wichtig sind

- Schnellkraft: Startkraft und Explosivkraft
- Starttechnik und Lauftechnik

Training der Beschleunigungsfähigkeit

Dazu bieten sich an:

1. Alle Formen von Startübungen (spezielle Kraft-, Technik – und Koordinations- Schulung
2. Übungen zur Verbesserung des Abdrucks
3. Spezielles Krafttraining

1. Startübungen:

- Aus unterschiedlichen Lagen bzw. Stellungen
- Bauchlage, Rückenlage, auch gegen die Laufrichtung
- Erschwerte Startpositionen: Liegestütz, Schneider- und Hürdensitz, Skippings, Sit-ups, ...
- Geeignete Streckenlängen: kurz = 5 bis 10 m, mittel = 10 bis 20 m, lang = 20 bis 30 m
- Erleichterte Bedingungen: Starts bergab, mit Zugleine, mit Zugschlitten, Schnelligkeitsschirm oder Partnerwiderstand

2. Starts auf akustische, optische taktile Reize Abdruckverbesserung (Sprünge):

- allgemeine Sprungformen Fußgelenkssprünge, Sprunglauf, Hopserlauf, Einbeinsprünge, ...
- kurze Sprünge: beidbeinig, einbeinige Einfach-, Dreifach- und Fünffachsprünge (sollten dem Sprinttraining vorausgehen)
- lange Sprünge: Sprungläufe über 30, 60 und 100 m
  allgemeine Startsprünge (= Sprünge aus der Startposition): Startsprung mit anschließendem Skipping, Startsprung nach vorne-oben auf eine Weichbodenmatte, Startsprung auf die Hochsprungmatte,...

3. Spezielles Krafttraining

- Dynamisch-plyometrisches, exzentrisches, konzentrisches Krafttraining
- Maximalkrafttraining verbessert die Bewegungsschnelligkeit
- nur Schnellkrafttraining genügt nicht
- Bergaufläufe (vgl. *Weineck* 2019)

Frage 9:
Die Schnelligkeit hängt auch von der Kraft ab. Wäre es für einen Sprinter der Weltklasse in Ordnung, um schneller zu werden, nach einer Bodybuildingmethode sein Krafttraining durchzuführen? Erörtern Sie dies und begründen Sie, wie er am besten trainieren sollte.

Ein Sprinter darf sein Krafttraining nicht auf Muskelmassenmaximierung, die das Ziel im Bodybuilding ist, ausrichten. Bodybuildingmuskulatur dient einem optischen (ästhetischen) Zwecken und ist nicht auf Funktionalität im Sprintbereich ausgelegt. Zudem ist ein Zuviel an Muskelmasse problematisch und ungeeignet, weil der Sprinter dann zu viel wiegt und auch Schwierigkeiten mit der Beweglichkeit und Entfaltung von Schnellkraft und Reaktivkraft bekommt. Diese beiden Kraftarten werden im Bodybuilding nicht trainiert. Das Maximalkrafttraining wird ausschließlich in Richtung Hypertrophie betrieben, für Sprinter ungeeignet. Wenn man sich Weltklassesprinter/innen anschaut, dann fällt die kräftige Muskulatur, v.a. im Beinbereich auf, sie geht aber nicht vom Umfang her in die Ausprägung vom Bodybuilding. Oberkörper und Rumpf werden im Sprintbereich mit trainiert, aber wiederum nicht mit dem Ziel der Muskelhypertrophie.

Frage 10:
Welche Schnelligkeitsarten stehen in der Sportart/Disziplin im Vordergrund, die Sie gerade in Ihrem Sportunterricht durchführen? Begründen Sie Ihre Entscheidung.

Individuelle Schülerlösung

Frage 11:
Welche Schnelligkeitsart dominiert in Ihrer eigenen Sportart bzw. Ihrer Lieblingssportart? Begründen Sie Ihre Entscheidung.

Individuelle Schülerlösung

Beweglichkeitstraining – Dehnung

7

Frage 1:
Gehen Sie zu zweit oder dritt in Ihrem Sportkurs zusammen und testen Sie die Dehnfähigkeit Ihrer Brustmuskulatur (Pectoralis major), Oberschenkelinnenseite (Adduktoren) und Oberschenkelrückseite (Biceps). Wie fallen die Unterschiede aus? Trainieren Sie nun Ihre Dehnfähigkeit dieser Muskeln über 4 Wochen (4 bis 5 x pro Woche) und testen Sie sich anschließend noch einmal gemeinsam. Welche Feststellungen können Sie nun machen?

Individuelle Schülerlösung

Frage 2:
Erläutern Sie Trainingsziele des Beweglichkeitstrainings und die dazugehörige Trainingsmethode bzw. Dehnmethode und was dabei zu beachten ist.

Trainingsziel	Trainingsmethode/Dehnmethode
Erhöhung der Gelenkbeweglichkeit	Langzeitprogramme mit maximaler Dehnintensität, passiv-statische Methoden
Dehnungstoleranz	kurzfristig: mehrfaches Wiederholen der Übungen langfristig: Senkung des Muskeltonus, Senkung der psychischen Erregbarkeit
Aufwärmen	aktiv-dynamische Dehnungsübungen, Dehnungsübungen strukturähnlich zur nachfolgenden Belastung
Senkung des Muskeltonus	aktiv-statische Dehnungsübungen, Entspannungstraining (gute Anwendbarkeit im Gesundheitssport!)
Wohlbefinden	Entspannung, aktiv statische Dehnungsübungen (gute Anwendbarkeit im Gesundheitssport!)
Dehnung der Bindegewebehüllen	Langzeitprogramme mit maximaler Dehnintensität, passiv-statische Methoden (CHRS)

Trainingsziel	Trainingsmethode/Dehnmethode
Verbesserung der sportartspezifischen Beweglichkeit	aktiv-dynamische Übungen, die sportartspezifische Dehnbelastungen imitieren; Krafttraining der Antagonisten
Prävention von Zerrungen und Muskelfaserrissen (Muskelverletzungen)	kurzfristig: angemessenes Aufwärmen langfristig: Verbesserung der speziellen Beweglichkeit, Erhöhung der Beweglichkeitsreserve

Frage 3:
Welche Erscheinungsformen der Beweglichkeit kennen Sie? In welchen Sportarten/Disziplinen werden sie schwerpunktmäßig benötigt? Begründen Sie Ihre Entscheidung!

Bei diesem Strukturierungsansatz sind die Sportartspezifik, der muskuläre Aktionsmodus und die muskuläre Belastungsform zu berücksichtigen.

- Die **allgemeine Beweglichkeit** wird durch eine normale Bewegungsamplitude der Gelenke bzw. des Gelenkmuskelsystems gekennzeichnet (häufig bezogen auf die drei großen Gelenksysteme Schulter, Hüfte und Wirbelsäule).
- Die **spezielle Beweglichkeit** betrifft die in einzelnen Sportarten und Sportdisziplinen notwendige Beweglichkeit bestimmter Gelenke, z. B. in der Leichtathletik beim Hürdenlauf oder bei Handballtorleuten das Hüftgelenk, Schultergelenke beim Judo, Speerwurf oder Schwimmen.
- Als **aktive Beweglichkeit** bezeichnet man die maximale, durch Muskelkontraktion realisierbare Bewegungsamplitude, z. B. das Nach-vorne-oben-Schwingen des freien Schwungbeins im Stand bei einem Handballtorwart; notwendig auch in Rückschlagspielen wie Tennis, Tischtennis oder Volleyball (Schlagarmschulter) oder bei Sprüngen im Ballett.
- Um **passive Beweglichkeit** handelt es sich, wenn zur Vergrößerung des Bewegungsausmaßes zusätzlich äußere Kräfte wirken (Zusatzlast, eigenes Gewicht, Partner); der Sportler kann in den Spagat durch eigenes Körpergewicht gehen, von einem Partner zusätzlich hinuntergedrückt werden oder – wie Aufnahmen von Turnerinnen belegen – durch Zusatzgewichte (Hantelscheiben) – in die Position hinuntergedrückt werden.
- Für die **dynamische Beweglichkeit** ist eine Gelenkwinkelstellung kennzeichnend, die kurzfristig erreicht werden kann; sie ist immer größer als die statische Beweglichkeit.
- **Statische Beweglichkeit** bedeutet, dass die realisierte Gelenkposition über längere Zeit statisch (aktiv) gehalten werden kann, z. B. bei der Standwaage im Turnen oder auch bestimmten Positionen im Karate (Kata).

Frage 4:
In einer Ballsportart, in der Deutschlands Nationalmannschaft Weltmeister wurde, sagte man vor 20 Jahren noch: „Wer dehnt, fliegt raus!" Nehmen Sie zu dieser Aussage kritisch Stellung.

Das „British Medical Journal“ berichtete im Jahr 2002 von einer Studie, die zu dem Ergebnis kam, dass Dehnungen weder den Muskelkater vermindert noch das Verletzungsrisiko senkt. Die Physiotherapeuten *Rob Herbert* und *Michael Gabriel* von der *University of Sydney* haben dazu 2630 australische Soldaten untersucht. Die Auswertung aller Daten ergab Folgendes: „Das Dehnen vor oder nach dem Sport bringt keinen Schutz gegen Muskelkater“. Das Dehnen verringerte die Gefahr einer Verletzung nur um fünf Prozent und¬ im Schnitt dauert es 23 Jahre, bis ein Sportler durch das Dehnen eine Verletzung vermeiden kann. Statistisch sei dieser Effekt „ohne Bedeutung“, so die Autoren, und womöglich sogar nur ein Zufallsbefund (www.Spiegel.de, Wissenschaft, Zugriff 03.05.2024). Dies führte damals in einer populären Ballsportart in Deutschland dazu, dass teilweise gefordert wurde, *„wer dehnt, fliegt raus“*. Diese Forderung konnte nicht aufrechterhalten werden, da an der Auswertung der Studie berechtigte Kritik (z.B. „Wie steigert man die Beweglichkeit?“) aufkam und letztendlich die Studienergebnisse zu dem Thema nicht eindeutig waren.

Frage 5:
Man kann zum Stundenbeginn, als Hauptteil oder im Schlussteil dehnen. Erläutern Sie welche Ziele jeweils damit verfolgt werden.

- Das **Dehnen zum Beginn der Trainingseinheit** dient der Beweglichkeitssteigerung und kann in einem gewissen Rahmen Muskelverletzungen vorbeugen.
- Das **Dehnen als Hauptteil** einer Trainingseinheit dient dazu, langfristig eine bessere Beweglichkeit herzustellen (Rhythmische Sportgymnastik, Turnen, Sportakrobatik, Schwimmen, Hürdenlauf, Handball-Torleute).
- Das **Dehnen im Schlussteil** der Trainingseinheit im Cool Down sollte zur Tonusregulation der Muskulatur und Einleitung der Regeneration durch ein kurzes, submaximales statisches Dehnen erfolgen (vgl. *Freiwald*. Optimales Dehnen, Spitta, 2020).

Frage 6:
Welche Dehnungsmethode wenden Sie selbst primär an? Erläutern und begründen Sie Ihre Entscheidung.

Individuelle Schülerlösung

Frage 7:
Wozu dient die Faszienrolle, was bewirkt sie? Wo kann sie im Training sinnvoll angewendet werden?

Wirkungen des Ausrollens mit einer BLACKROLL (Foam-Roll):

- Es führt zu einer Erhöhung der Belastbarkeit von Sehnen und Bändern
- Es schützt Muskulatur vor Verletzungen
- Es Vermeidet schmerzhaftes Reiben in Hüftgelenken und Bandscheiben
- Es strafft den Körper

Ziele des Faszientrainings:

- Elastische Dehnfähigkeit und Spannkraft der Faszien herstellen
- Das reibungslose Funktionieren der langen Faszienbahnen gewährleisten
- Eine intakte und natürliche Netz- und Wellenstruktur herstellen
- Eine schnelle Regeneration der Muskel-Faszieneinheit nach dem Sport erreichen

Frage 8:
Wenden Sie selbst das Faszientraining an, zu welchem Zweck? Erläutern und begründen Sie Ihre Entscheidung.

Individuelle Schülerlösung

Frage 9:
Erläutern Sie die Zusammenhänge bzw. Wechselwirkungen zwischen den beiden konditionellen Fähigkeiten Kraft und Ausdauer.

In vielen Sportarten wird Krafttraining zusätzlich zu anderem konditionellen Training durchgeführt. Dabei ist es wichtig zu erkennen, dass man durch Krafttraining nicht nur die jeweiligen Kraftfähigkeiten, sondern auch die konditionellen Fähigkeiten Ausdauer, Schnelligkeit, Beweglichkeit und die Koordination mitbeeinflusst. Zum Beispiel stehen **Kraft und Ausdauer** sich nicht konkurrenzmäßig gegenüber, sondern führen zu jeweils spezifischen Anpassungen.

- Je besser der Trainingszustand eines Sportlers ist, umso spezifischer muss das Krafttraining ausgerichtet sein und umso mehr stehen Kraft- und Ausdauertraining in Konkurrenz (siehe Signaltransduktion).
- Weitere Faktoren, die den Trainingseffekt beeinflussen: Trainingsintensität und Trainingsumfang. Der Trainingseffekt ist unterschiedlich, je nachdem, ob man das Kraft- und Ausdauertraining an einem Tag oder jeweils an einem anderen Tag durchführt.

- Bei Untrainierten kann Krafttraining auch zur Ausdauerverbesserung beitragen, denn dadurch wird die Proteinsynthese sowohl in der Muskulatur als auch in den Mitochondrien stimuliert.
- Bei gleichzeitigem Training von Kraft und Ausdauer ergaben Studien mit jungen, trainierten Männern einen negativen Effekt; bei Frauen und älteren Menschen war der Effekt schwach oder nicht vorhanden (**Gesundheitssport!**)
- Die Addition eines Krafttrainings zu einem Ausdauertraining führt vielfach zu einer Verbesserung der Ausdauerkapazität.
- Bei Basketballern wurde in einer 7-wöchigen Studie sogar eine deutliche Verbesserung der maximalen Sauerstoffaufnahme durch eine Kombination aus Kraft- und Ausdauertraining festgestellt.

Frage 10:
Welche Ergebnisse bei der Untersuchung von Fußballbundesligamannschaften ergaben sich bei den Zusammenhängen Kniebeugeleistung und Sprintleistung sowie zwischen Sprung- und Sprintleistung? Erläutern Sie die Konsequenzen für die Sportpraxis.

Während z.B. eine Untersuchung bei Fußballern von einer Verbesserung und einer engen Korrelation zwischen der Kraftleistung bei halber Kniebeuge und Schnelligkeit berichtet, zeigt eine andere Untersuchung von *Freiwald* an einer Herrenmannschaft der Fußballbundesliga (Championsleague-Teilnehmer) sowie einem Damenfußballbundesligateam deutlich geringere und nur teilweise signifikante Zusammenhänge zwischen Kniebeuge- und Sprintleistung sowie zwischen Sprung- und Sprintleistung.

Frage 11:
Was spricht für ein Aufwärmen/Dehnen vor dem Sporttreiben? Kann man es generell empfehlen? Für alle Leistungsniveaus? Begründen Sie jeweils Ihre Entscheidung.

Vor hohen Belastungen – das zeigen viele Untersuchungen – ist ein **Aufwärmen** unverzichtbar. Dies ist für die Verletzungsprophylaxe sowie die positiven Effekte auf die Leistungsfähigkeit wichtig. Durch ein 10-minütiges Warmlaufen konnten z. B. Sprungleistungen um 6 % verbessert werden, ebenso die Sprintfähigkeit. Warmlaufen war auch effektiver als ein 30-sekündiges statisches Dehnen der Wadenmuskulatur, was die Beweglichkeit im oberen Sprunggelenk anbelangte.

Zu langes statisches Dehnen wirkte sich negativ auf Kraftleistungen aus, was jedoch nur für Leistungs- und Hochleistungssportler relevant ist. Im Breiten- und Freizeitsport sind die Ergebnisse weniger bedeutsam. Ein darauffolgendes Warmlaufen ließ die Kraftwerte wieder deutlich ansteigen.

Koordination

8

Frage 1:
Welche koordinativen Fähigkeiten sind in der Sportart/Disziplin bestimmend, die Sie gerade in Ihrem Kurs durchführen? Begründen Sie Ihre Entscheidung.

Individuelle Schülerlösung

Frage 2:
Welche koordinativen Fähigkeiten dominieren in Ihrer eigenen Sportart? Begründen Sie Ihre Entscheidung.

Individuelle Schülerlösung

Frage 3:
Wo liegen Gemeinsamkeiten, wo Unterschiede im koordinativen Anforderungsprofil folgender Sportartengruppen:

Sportart/Disziplin	koordinatives Anforderungsprofil
Handball, Basketball, Fußball, Volleyball	Orientierungsfähigkeit, Differenzierungsfähigkeit, Kopplungsfähigkeit, Reaktionsfähigkeit, Gleichgewichtsfähigkeit
Tischtennis, Tennis, Badminton, Squash	Reaktionsfähigkeit, Differenzierungsfähigkeit, Orientierungsfähigkeit, Kopplungsfähigkeit, Gleichgewichtsfähigkeit, Umstellungsfähigkeit
Skifahren, Inline-Skating, Eiskunstlaufen, Wellenreiten (Surfen)	Gleichgewichtsfähigkeit, Differenzierungsfähigkeit, Orientierungsfähigkeit, Kopplungsfähigkeit
Kugelstoßen, Speerwurf, Hammerwurf, Diskuswurf	Gleichgewichtsfähigkeit, Orientierungsfähigkeit, Kopplungsfähigkeit

Frage 4:
Beschreiben Sie das Analysemodell von *Neumaier*. Entwickeln Sie ausgehend von einer Grundübung weitere Übungsvarianten durch Veränderungen einzelner Parameter des KAR.

Das Modell von *Neumaier* wurde entwickelt, um exakter als bisher zu analysieren, welche Anforderungen eine Sportart an die Koordination stellt. Die Koordination dient dazu, motorische Aufgaben bewältigen zu können. Kennzeichnend für die Analyse nach *Neumaier* ist, dass er dabei Informationsbedingungen und Druckbedingungen unterscheidet.

- **Informationsanforderungen** sind: optisch, akustisch, taktil, kinästhetisch sowie vestibulär.
- **Druckbedingungen** sind: Präzisionsdruck, Zeitdruck, Komplexitätsdruck, Situationsdruck und Belastungsdruck.
- **Grundübung**: Eine Gruppe von Sportlern prellt mit Bällen

Übungsvariationen zu Informationsanforderungen:

- Ein Sportler gibt den Prellrhythmus vor, den alle aufnehmen müssen (optische Infoanforderung).
- Die Sportler schauen beim Ballprellen auf den Boden und müssen am Geräusch erkennen, in welchem Rhythmus geprellt wird (akustische Infoanforderung).
- Die Sportler tragen für die Übungen Skihandschuhe (taktile Infoanforderung).
- Die Sportler müssen sich beim durch die Halle laufen alle 2 bis 3 Meter um 360 Grad drehen und weiterprellen (Anforderung an den Vestibularapparat).

Übungsvariationen zu den Druckbedingungen:

- Die Sportler laufen durch die Halle, prellen Bälle und müssen dabei mit den Bällen genau die Hallenlinien treffen (Präzisionsdruck), oder: Die Bälle entlang auf einer umgedrehten Bank prellen.
- Die Sportler werden vom Trainer aufgefordert, diese Übung nun maximal schnell durchzuführen (Zeitdruck).
- Während sie einen Ball prellen, müssen die Sportler in der zweiten Hand einen Ball hochwerfen und fangen (Komplexitätsdruck).
- Die hier aufgeführten Übungen sollen am Ende einer ermüdenden Trainingseinheit mit erhöhten konditionellen Anforderungen ausgeführt werden (Belastungsdruck).

Frage 5:
Analysieren Sie die Sportarten/Disziplinen aus Frage 3 mit dem Raster von *Neumaier*.

Beispiel Tischtennis

Informationsanforderungen:

- Die **optische** Informationsanforderung ist die wichtigste. Tischtennis stellt sehr hohe Anforderungen an die Augen. Der mehrfache Europameister und Weltranglistenerste *Timo Boll* verfügt über eine Sehfähigkeit von 280 %! Dadurch kann er sehr genau erkennen, welche Rotation der Gegner seinem Ball mitgibt.
- Die **akustischen** Informationen sind so zu verstehen, dass man auch „hören" kann, ob ein Schlag z. B. zentral (= wenig Rotation) oder tangential (= mehr/viel Rotation) getroffen wird.
- Die **taktilen** Informationen erhält man im Tischtennis, wenn man mit dem Schläger gegen den Ball schlägt; darüber entwickeln Spieler*innen ihr Ballgefühl.
- **Kinästhetische** Informationen sind wichtig für die Ausführung der Schläge (Ganzkörperbewegungen: Arme, Beine, Rumpf) insgesamt. Der Spieler muss sich im Moment des Schlages in einem Gleichgewichtszustand befinden, da sonst kein kontrollierter Schlag möglich ist.

Druckbedingungen:

- Der **Zeitdruck** ist im Tischtennis sehr hoch, da der Ball mit einer sehr hohen Geschwindigkeit geschlagen wird (180–200 km/h) und dies bei einer Distanz von Spieler zu Spieler von 2,74 m. Bei langsameren Schlägen sinkt der Zeitdruck, er variiert somit im Spiel und z. T. in Ballwechseln relativ stark. Dies ist u. a. auch davon abhängig, welche Spielsysteme aufeinandertreffen.
- Der **Präzisionsdruck** ist ebenfalls sehr hoch, da die gegnerische Tischhälfte, die man treffen muss, nur 1,52 m breit und 1,37 m lang ist. Bei bestimmten Ballwechseln (Topspin gegen Topspin) kann z. B. die Netzzone überhaupt nicht getroffen werden, wodurch sich die bespielbare Fläche automatisch verkleinert. Bei sehr hohen Ballgeschwindigkeiten steigt der Präzisionsdruck stark an. Der Spieler muss vom gegnerischen Ball die Platzierung, das Tempo, die Rotationsart und Rotationsstärke sowie dessen Flugbahn erkennen/antizipieren. An diesen Parametern richtet er vor dem Hintergrund seiner eigenen Spieltaktik seine eigene Schlagauswahl aus.
- Der **Situationsdruck** variiert sehr stark. Je komplexer der Ballwechsel über Tempo, Rotation, Flugbahn und Platzierung ist, umso komplexer wird auch der Situationsdruck.

Ebenfalls stark schwankend ist der **Belastungsdruck**. Er ist von der körperlichen Belastung her durchschnittlich eher im schwachen bis mittleren Bereich anzusiedeln, kann aber im Spitzensport und Leistungssport auch bei einzelnen Ballwechseln kurzfristig (wenige Sekunden) sehr hoch sein.

- Mit den übrigen Sportarten/Disziplinen analog verfahren: individuelle Schülerlösung

Frage 6:
Ein Bundestrainer forderte von seinen Sportlern im Nachwuchstraining nur die koordinativen Fähigkeiten zu trainieren, die in der Sportart benötigt werden. Was spricht dafür, was dagegen?

Wenn in der allgemeinen Grundausbildung (Basisausbildung) eine allgemeine und umfassende Schulung aller Koordinativen Fähigkeiten vorangegangen ist, ist es je nach Sportart/Disziplin durchaus zu vertreten, dass im Nachwuchstraining bereits ein sehr sportartgerichtetes Koordinationstraining durchgeführt wird. Eine Gerätturnerin muss in diese Stufe nicht Trainingszeit damit verbringen, Kopplungs- und Differenzierungsfähigkeit mit Bällen zu verbringen. Die seit vielen Jahren führende Nation im Tischtennis, China, macht bereits in der allgemeinen Grundausbildung sehr viel mit TT-Ball und TT-Schlägern. Dies ist beim Deutschen TT-Bund, seit 20 Jahren ebenfalls zu Weltspitze zählend und in Europa dominierend, nicht so stark ausgeprägt. Hier legt man auch während des Nachwuchstrainings sehr viel Wert auf ein relativ umfassendes allgemeines Koordinationstraining. Im Kunstradsport ist das statische Gleichgewicht von untergeordneter Bedeutung, hier geht es nur um das dynamische Gleichgewicht und wie man auf einem Fahrrad dieses perfekt halten kann. Auch hier findet bereits nach der Grundausbildung ein sportartgerichtetes Koordinationstraining statt.

Frage 7:
Führen Sie einen oder mehrere Koordinationstests durch. Besprechen Sie die Ergebnisse hinterher vor dem Hintergrund, ob das gute bzw. schlechte Abschneiden mit der Sportart der Teilnehmenden zu tun haben kann, die diese primär ausüben.

Individuelle Schülerlösung

Frage 8:
Im Internet findet man zahlreiche Koordinationsübungen. Analysieren Sie davon 2-3 genauer. Identifizieren Sie die Merkmale der dort beschriebenen und verwendeten KAR-Druckbedingungen und/oder Informationsanforderungen. Vergleichen Sie diese anschließend mit einem/einer Mitschüler/in, der/die das Gleiche getan hat. Welche Gemeinsamkeiten bzw. Unterschiede stellen Sie dabei fest?

Individuelle Schülerlösung

Training im Freizeitsport – Fitnesstraining

9

Frage 1:
Analysieren Sie, welche der Ziele und Inhalte von Fitnesstraining auf Sie zu treffen? Was fällt Ihnen leichter, was fällt Ihnen schwerer? An was kann das liegen?

Individuelle Schülerlösung

Frage 2:
Beschreiben Sie, bei welchen der Ziele und Inhalte des Fitnesstrainings Sie noch mehr tun könnten und wie Sie dies umsetzen könnten.

Individuelle Schülerlösung

Frage 3:
Was gefällt Ihnen an Ihrer eigenen Sportart am besten? Was daran macht Ihnen besonders viel Spaß bzw. Freude bei ihrer Ausübung? An was liegt das?

Individuelle Schülerlösung

Frage 4:
Wie beurteilen Sie folgende Aussage: „Im Fitnessbereich immer schön langsam und gleichmäßig laufen". Was spricht für eine solche Methodik, was dagegen?

Zu Beginn eines Trainings ist es mit Anfängern methodisch gesehen wichtig, die Intensität nicht zu hoch anzusetzen. Es gibt mehrere Möglichkeiten methodisch dabei zu variieren. Ein HVT

(High Volume Training) nach der extensiven Dauermethode ist in Ordnung, man kann auch nach der extensiven Intervallmethode oder „Walk-Run-Walk"-Methode nach Galloway vorgehen. Gegen ein Fahrtspiel oder HIT-Training ist, vorausgesetzt die entsprechende Grundlagenausdauer ist vorhanden, nichts einzuwenden.

Frage 5:
Ein 64-jähriger Radsportler fährt 24000 km Rad im Jahr. Er sagt: „Ich bin Breitensportler". Erörtern Sie diese Aussage.

Wer als älterer Sportler ca. 65 km pro Tag über ein ganzes Jahr verteilt auf dem Rad zurücklegt, legt dabei Distanzen zurück, die von manchen Radsportamateuren gefahren werden. Manchmal dürften die zurückgelegten Distanzen am Tag ins Dreistellige gehen, da der Sportler wahrscheinlich nicht täglich (z.B. wetterbedingt etc.) fahren kann. Es handelt sich hier um einen Sportler, der hoch motiviert ist und zudem offensichtlich sehr stark an seiner Leistung interessiert ist. Für einen „gewöhnlichen" Breitensportler ist das deutlich zu viel.

Gesundheitssport

10

Frage 1:
Überlegen Sie und notieren Sie sich, was Sie selbst unter Gesundheit verstehen. Welche Aspekte sind Ihnen besonders wichtig? Versuchen Sie Ihre Entscheidung zu begründen.

Individuelle Schülerlösung

Frage 2:
Erklären Sie die unterschiedlichen Gesundheitssportmodelle und erläutern Sie, wozu diese dienen können.

1. Risikofaktorenmodell

Risikofaktorenmodell erklärt das Zustandekommen bestimmter Krankheiten anhand statistischer Wahrscheinlichkeiten. Die Basis des Modells bildet die Annahme, dass körperliche Beschwerden und Krankheiten in erster Linie durch gesundheitswidrige der Lebenssituation und des körperlichen Zustandes des Menschen verursacht werden. Die Interventionen des Gesundheitssports sollen bei diesen Bedingungen, den sog. Risikofaktoren, ansetzen. Ausgangsfrage des Modells: Warum werden Menschen krank?

Man kann die Risikofaktoren im Hinblick auf die Herz-Kreislauf-Erkrankungen in **drei Obergruppen** einteilen:

1. Risikofaktoren, die nicht beeinflusst werden können
2. Risikofaktoren, welche bereits eine Krankheit darstellen, zusätzlich jedoch ein erhöhtes Infarktrisiko mit sich bringen
3. Risikofaktoren die aufgrund unserer Lebensweise die von Gesellschaft, Tradition und Gebräuchen geprägt wird, hervorgerufen werden

1. Risikofaktoren, die nicht beeinflusst werden können

- **Alter:** Je älter ein Mensch ist, umso höher wird das Risiko, an einer Herz-Kreislauf-Erkrankung zu leiden.
- **Genetik:** Das Infarktrisiko steigt, wenn ein Familienmitglied z. B. vor dem 45. Lebensjahr bereits einen Infarkt erlitten hat.
- **Geschlecht:** Frauen erleiden in der Regel später Herzinfarkte als Männer.

Das Wissen um die nicht beeinflussbaren Risikofaktoren dient dazu, dass man sich vermehrt auf die beeinflussbaren konzentrieren kann.

2. Risikofaktoren, die Krankheiten darstellen

- **Bluthochdruck** ist der wichtigste Risikofaktor für die Entstehung der Arteriosklerose, welche wiederum dem Herzinfarkt oder Schlaganfall Vorschub leistet; das Infarktrisiko nimmt mit zunehmendem Blutdruck zu und umgekehrt; erhöhter Blutdruck (> 120 mmHg : 80 mmHg) muss behandelt werden; ca. 15 bis 20 % der Erwachsenen haben Bluthochdruck. Ausdauersport im Allgemeinen macht die Blutgefäße elastischer, und ohne diese Elastizität kann der menschliche Organismus den Blutdruck nicht so gut einstellen. Hierzu eignen sich eigentlich alle Ausdauersportarten.
- **Diabetes mellitus** ist eine Stoffwechselkrankheit, die sich bei einer gestörten Verwertung der Kohlenhydrate bemerkbar macht. Am Diabetes Typ 1 erkranken Jugendliche; er ist nicht Bestandteil des Modells. Am Diabetes Typ 2 erkranken in der Regel ältere Menschen, in den letzten 10 Jahren aber auch immer mehr Kinder und Jugendliche. Die Empfindlichkeit der Zelle gegenüber Insulin ist zu gering; es kommt sogar zur **Insulinresistenz**. Durch den aus dem Takt geratenen Zuckerstoffwechsel greift er Organismus immer mehr auf Fettverbrennung zurück, wodurch die Blutfette ansteigen. Die Aterioskleroseneigung steigt dadurch an, ebenso der Blutdruck.
- **Fettstoffwechselstörungen:** Darunter versteht man die Verdauung, den Transport, die Verbrennung sowie den Ab- und Umbau von Fetten (**Lipiden**) und Fett-Eiweiß-Molekülen (**Lipoproteine**). Die **Triglyzeride** sowie das **Gesamtcholesterin** im Blut sind erhöht. Diese ungünstigen Veränderungen sind in 98 % der Fälle auf veränderte Umweltbedingungen bzw. verändertes Verhalten (z. B. fettreiche Nahrung) in Interaktion mit genetischen Einflüssen zurückzuführen. Sie erhöhen das Arterioskleroserisiko und begünstigen die Entstehung von Herz-Kreislauf-Erkrankungen. Erhöhte Blutfettwerte sind in Verbindung mit Rauchen besonders gefährlich.
- **Adipositas (Fettsucht):** Darunter versteht man einen übermäßigen Körperfettanteil, der über den BMI festgelegt wird. Als adipös gelten Menschen mit einem BMI über 30 kg/m^2. Mehr als 19 % der Männer und 22 % der Frauen in Deutschland gelten als adipös. Adipositas begünstigt Fettstoffwechselstörungen, Arteriosklerose und das Auftreten von Herz-Kreislauferkrankungen.
- Eine besonders markante Form verschiedener Risikofaktoren ist das **Metabolische Syndrom** (Wohlstandssyndrom), auch **tödliches Quartett** genannt. Es ist eine Kombination verschiedener Faktoren.

- Bluthochdruck
- Fettstoffwechselstörung
- Typ II Diabetes
- Adipositas (Fettsucht)

} **metabolisches Syndrom**

Die Therapie des metabolischen Syndroms besteht aus spezifischen Medikamenten, diätetischer Kostform sowie Ausdauertraining (*Geiger*, I.: Gesundheitstraining, BLV, 1999, S. 20).

3. Risikofaktoren, die aufgrund unserer Lebensweise von Gesellschaft, Tradition und Gebräuchen geprägt werden

- **Überernährung:** In der BRD gelten 30–40 % der Bevölkerung als überernährt, dies bedeutet, dass ein BMI von 25 überschritten wird.
- **Fehlernährung:** Auch bei sehr hohen Kalorienzufuhr nimmt man nicht alle lebensnotwendigen Nahrungsbestandteile wie Mineralien oder Vitamine zu sich; es kommt ebenfalls zu einer fehlerhaften Nährstoffrelation (Kohlenhydrate : Fette : Proteine).
- **Rauchen:** Raucher haben generell eine niedrigere Lebenserwartung als Nichtraucher. Die Herzinfarkthäufigkeit ist erhöht. Nikotinabusus leistet der Arteriosklerose Vorschub.
- **Bewegungsmangel** (u. a. kein Sport): Ein entsprechend aufgebautes Training senkt die Gefahr, frühzeitig im Leben einen Infarkt zu erleiden. Sport kann die Lebensfreude und das Wohlbefinden positiv beeinflussen.
- **Stress:** Die WHO hat Stress zum Risikofaktor mit der höchsten Bedeutung für den Menschen bezeichnet. Stress kann eine starke Erhöhung der Gesundheitsrisiken bewirken: Herz-Kreislauf-Schäden (Infarkt, Schlaganfall), Blutdruckerhöhung, Erhöhung der Atemfrequenz, Schädigungen im Verdauungssystem (vgl. *Weineck.* Sportbiologie 2010, S. 634–694)

Den Risikofaktoren stehen Ressourcen (Widerstandsquellen) gegenüber, auf die der Mensch zurückgreifen kann. Folgende Tabelle gibt hierzu einen Überblick:

Risikofaktoren – Charakteristikum	Konsequenz im menschlichen Handeln
Risikofaktoren wirken schleichend-chronisch	frühzeitig handeln bzw. behandeln
Risikofaktoren wirken dosisabhängig	auch geringe Risiken behandeln
Mehrere Risikofaktoren multiplizieren das Risiko	alle Risikofaktoren behandeln
präventives Paradox	Viele müssen handeln oder behandelt werden, auch wenn nur wenige davon Nutzen haben.

Tab. 3: Leitsätze zum Risikofaktorenansatz in der Prävention (*Vogt, Töpper*: Sport in der Prävention, S. 7).

Becker (in: *Bös, Brehm, W.:* Handbuch Gesundheitssport. Hofmann, Schorndorf 2006, S. 34–35) weist im Zusammenhang mit dem Risikofaktorenmodell darauf hin, dass dem Risikofaktorenmodell im Kontext der Krankheitsbehandlung und Krankheitsprävention eine große Bedeutung zukommt. Ein Problem sieht er darin, dass es Gesundheit ausschließlich als Abwesenheit von Krankheit(en) betrachtet und gesundheitliche Schutzfaktoren keine Berücksichtigung finden.

Für *Vogt/Töpper* (Sport in der Prävention, Deutscher Ärzte Verlag, S. 19) besitzt das Modell einen hohen Bekanntheitsgrad und sie betonen, dass das Modell insbesondere im Hinblick auf die Herz-Kreislauf-Erkrankungen gut untersucht ist. Der Bewegungsmangel ist ein Risikofaktor der Lebenssituation des Menschen und muss darüber hinaus als Mitauslöser weiterer Risikofaktoren in Betracht gezogen werden. Als entscheidendes Defizit des stark naturwissenschaftlichen geprägten Modells sehen sie die Konzentration auf gesundheitliche Stressoren und die Nichtbeachtung individueller Schutzfaktoren sowie gesundheitsrelevanter Ressourcen.

2. Das Salutogenesemodell von *Antonovsky*

Ausgangspunkt bei *Antonovsky* war die Frage: Warum bleiben Menschen trotz widrigster Umgebungsbedingungen (endogene und exogene Belastungsfaktoren) gesund? Das Modell bildet quasi einen „Gegenpol" zum Risikofaktorenmodell. Es basiert auf der Annahme, dass die krankmachenden Bedingungen für den Menschen in internen und externen Stressoren und gesunderhaltenden Faktoren in exogenen und endogenen Ressourcen zu suchen sind.

Der Mensch bewegt sich auf einem Kontinuum zwischen den Polen Wohlbefinden (**Eustress**, gesunder Stress) und Missempfinden (**Disstress**, schädlicher Stress); es gibt also **keine eindeutige Trennung** zwischen ***krank*** und ***gesund***. Ein bedeutsamer Einflussfaktor ist die Fähigkeit des Individuums, Spannungszustände auszugleichen, die durch verschiedenste physische, psychosoziale, biochemische und physikalische Stressoren (Genetik, Grunderkrankungen, Rauchen, Übergewicht, Bewegungsmangel) hervorgerufen werden. Überdauernde individuelle Bewältigungsressourcen für diese Anforderungen werden als generalisierte Widerstandsquellen bezeichnet und sind folgendermaßen untergliedert:

- **körperliche Widerstandsquellen:** körperliche Fitness/Leistungsfähigkeit, Immunkompetenz, Anpassungsfähigkeit
- **psychische Widerstandsquellen:** (kognitiv und einstellungsbezogen) – die *seelische* Gesundheit (Zuversicht, Durchsetzungsfähigkeit, Selbstverantwortlichkeit):
  - die *internalen Kontrollüberzeugungen* (= Überzeugungen, den eigenen Gesundheitszustand und die Lebensumstände selbst beeinflussen zu können), wahrgenommene Selbstwirksamkeit,
  - *Bewältigungsstrategien* (Optimismus in Belastungssituationen)
  - emotionale Intelligenz, Werte, (Gesundheits-)Wissen
- **physikalische Widerstandsquellen:** materielle Bedingungen, Obdach, Kleidung
- **soziale Widerstandsquellen:** soziale Unterstützungssysteme, soziokulturelle Faktoren

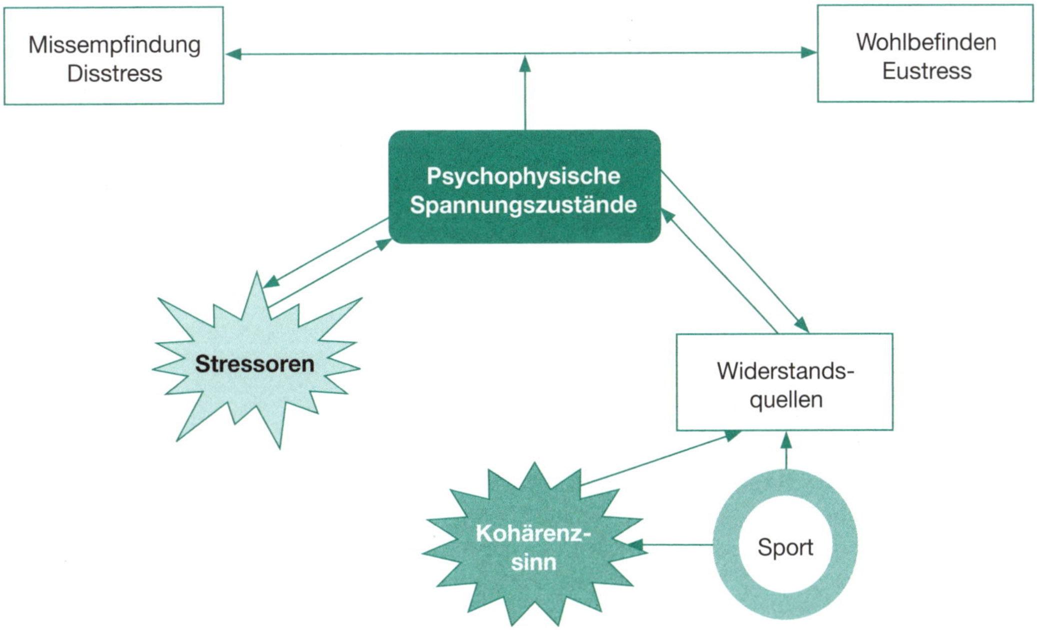

Abb. 2: Das Salutogenesemodell von Antonovsky (mod. nach *Vogt/Töpper* 2011).

Der sog. **Kohärenzsinn** (*Antonovsky* nennt es „sense of coherence") ist der zentrale Begriff im Salutogenesemodell. Er setzt sich aus drei Teilkomponenten zusammen:

- **Verstehbarkeit**: Es ist die Fähigkeit einer Person, interne und externe Ereignisse als kognitiv sinnhafte geordnete konsistente strukturierte und klare Informationen wahrzunehmen und zu deuten.
- **Handhabbarkeit**: Sie bezeichnet die Verfügbarkeit geeigneter Ressourcen, um mit Anforderungen umgehen zu können und sich nicht nur in der Opferrolle zu sehen, sondern eigenständig Dinge in die Hand nehmen zu können.
- **Bedeutsamkeit**: Sie beschreibt das Ausmaß, indem eine Person das Leben als sinnvoll empfindet und es sich lohnt, Einsatz zu zeigen und den Wert von Anforderungen oder Ereignissen zu sehen. Anforderungen werden als Herausforderung und nicht als Last oder Bürde empfunden.

Der Kohärenzsinn bildet sich im jungen Erwachsenenalter aus und bleibt nach *Antonovsky* ab dem 30. Lebensjahr stabil. Ein stark ausgeprägter Kohärenzsinn ist bei dem erfolgreichen Umgang mit Belastungen hilfreich und wirkt sich aus diesem Grund positiv auf den Gesundheitszustand aus. Aus diesem Grund wird durch verschiedene Bewegungsprogramme (Rückenschule, Faszienkurse, Osteoporosekurse, Koronarsport) bzw. durch die Widerstandsquelle **Sport und Bewegung** angestrebt, den Kohärenzsinn durch eine ganzheitliche Lebensstiländerung zu verbessern.

Körperliche Fitness ist eine sehr wichtige physische Gesundheitsressource. Er kann darüber hinaus auf unterschiedlichste Art und Weise fast alle Widerstandsquellen positiv beeinflussen.

Schutzfaktoren nach *Antonovsky*	konkrete Ansätze im Sport
Gesundheit/organische Widerstandsquellen	positive Anpassungsmechanismen
Leistungsfähigkeit/Fitness	trainingsbedingte Anpassung des aktiven und passiven Bewegungsapparats
Wissen	• Wissen um den Gesundheitswert des Sports • Wissen über die körperlichen Fähigkeiten • Selbsterfahrung
Werte	Gemeinsamkeit, Offenheit, Fairness
soziale Widerstandsquellen	soziale Interaktionen, Sportfreunde, Vereine und Sport als soziales Unterstützungssystem
soziokulturelle Faktoren	Identifikation mit dem Verein
psychische Ressourcen	positive Beeinflussung von: • Ich-Identität • Selbstkonzept • Kontrollüberzeugung

Tab. 4: Generalisierte Widerstandsquellen (Ressourcen)

Das Systemisches Anforderungs-Ressourcen-Modell (SAR-Modell)

Dieses Modell nach *Becker* lehnt an die Grundannahmen des Salutogenesemodells an, wurde jedoch um das Konstrukt der seelischen Gesundheit erweitert. In diesem Modell sind Krankheit und Gesundheit das Resultat von Anpassungs- und Regulationsprozessen zwischen Mensch und Umwelt. Die Grundannahme des Modells besteht darin, dass der Gesundheitszustand einer Person von dessen gelingen abhängt, externe und interne Anforderungen mithilfe von externen und internen Ressourcen zu bewältigen, inwiefern also Bewältigungsverhalten erfolgreich oder nicht erfolgreich ist.

externe Anforderungen: in Schule, Beruf, in Beziehungen oder Sport

interne Anforderungen: resultieren aus individuellen Zielen (z.B. in Schule, Beruf und Sport) aus individuellen Werten oder Bedürfnissen (z.B. nach Anerkennung, Selbstverwirklichung oder Geborgenheit)

externe Ressourcen: soziale Ressourcen, Beziehungen, Unterstützung, materielle Ressourcen (z.B. Einkommen, Wohnbedingungen) oder ökologische Ressourcen (z.B. gesunde Nahrung, saubere Umwelt)

interne Ressourcen: psychische Ressourcen (wie z. B. Wissen, Stimmung, Selbstkonzept und Selbstwirksamkeit) und physische Ressourcen (z. B. körperliche Konstitution oder Fitness)

Systeme stellen an andere Systeme Anforderungen, die man versucht, mit seinen Ressourcen zu bewältigen. Übersteigen die Anforderungen die Ressourcen, kann es zu negativen Emotionen kommen, zu Unzufriedenheit, Missbefinden und schlussendlich zur Beeinträchtigung der körperlichen und seelischen Gesundheit. Stehen Anforderungen und Ressourcen im Gleichgewicht, werden also die externen und internen Anforderungen durch externe und interne Ressourcen mit Erfolg bewältigt, kann dies das Wohlbefinden steigern und zu körperlicher und seelischer Gesundheit beitragen.

Wozu dienen Gesundheitssportmodelle?

Die gesundheitssportlichen Modelle versuchen verschiedene Zusammenhänge gesundheitsrelevanter Variablen zu beschreiben. Sie wollen den Menschen einen Zugangsweg zur Aufnahme eines Sportprogramms bzw. zum Sporttreiben liefern. Darüber hinaus geht es um eine dauerhafte Bindung der unterschiedlichen Zielgruppen an regelmäßige Bewegung/Sporttreiben und um die Integration körperlicher Aktivität/Sport als wesentlicher Bestandteil des täglichen Lebens.

Alle Modelle versuchen, die einem gesundheitsförderlichen Verhalten zugrunde liegenden Faktoren zu analysieren und dadurch Wege für eine positive Beeinflussung des individuellen Gesundheitsstatus, u.a. über eine Heranführung und Bindung an Gesundheitssportprogramme/regelmäßiges Sporttreiben im Verein oder Fitnessstudio, zu erreichen (vgl. *Vogt/Töpper* 2011).

Für Jugendliche wäre es empfehlenswert, dass Sie erfahren, welche Vorteile ein sportlich-aktiver Lebensstil mittel- und langfristig für sie bieten kann. Junge Erwachsene gehen erfahrungsgemäß noch nicht in Gesundheitssportkurse in den Sportvereinen. Zwar wäre eine langjährige Bindung an einen Sportverein oder ein Fitnessstudio im Prinzip wünschenswert, aber wir leben in einer Welt der ständigen Veränderungen, in der dies nicht mehr ohne weiteres möglich ist. Man wechselt heute im Laufe seines Lebens häufiger den Wohnort, Sportgewohnheiten können sich verändern, müssen sich auch verändern, wenn man z.B. in eine andere Stadt zieht, wie die neuen Bedingungen des Berufes es verlangen. Auch moderne Partnerschaften werden mittlerweile so organisiert, dass beide Partner ein Recht darauf besitzen, sich im Sport ihrer Wahl zu betätigen. Wichtig wäre dazu, dass ein junger Erwachsener über eine Disposition verfügt, dass, wo immer er sich befindet, er nach Möglichkeiten sucht, sich sportlich betätigen zu können. So gesehen muss die Sportteilnahme immer wieder neu hergestellt und vom Individuum organisiert werden (*Fuchs, R.*: Handbuch Gesundheitssport, 2006). Ein einzelnes Modell für Jugendliche zu empfehlen, ist schwierig, aber das SAR-Modell käme den Anforderungen an den heutigen Gesundheitssport wohl am nächsten.

Frage 3:
Erläutern Sie Krankheiten/Erkrankungen und den Effekt bzw. die Wirksamkeit, die Sport und Bewegung auf Krankheiten haben können.

Krankheit/Erkrankung	Effekt/Wirksamkeit
Diabetes mellitus II	Es besteht gute Evidenz für die Wirksamkeit körperlicher Aktivität zur Prävention und Therapie des Diabetes mellitus.
Adipositas	Zusammenfassend besteht geringe bis moderate Evidenz für die Wirksamkeit körperlicher Aktivität zur Prävention der Adipositas und eine gute Evidenz was die Therapie der Adipositas angeht
Bluthochdruck	Es besteht gute Evidenz, dass körperliche Aktivität blutdrucksenkend wirkt.
Fettstoffwechselstörungen	Die günstigen Effekte körperlicher Aktivität für die Prävention und Therapie von Fettstoffwechselstörungen sind zweifelsfrei nachgewiesen.
Herz-Kreislauf-Erkrankungen	Die Prävention und Therapie der wichtigsten Erkrankungen des Herz-Kreislauf-Systems durch körperliche Aktivität ist wissenschaftlich umfangreich und eindeutig belegt.
chronisch obstruktive Lungenerkrankungen	Während eine präventive Wirkung von Bewegung auf das Auftreten chronisch obstruktiver Lungenerkrankungen wissenschaftlich unzureichend gesichert ist, sind die Effekte körperlicher Aktivität in der Therapie gut belegt.
Osteoporose	Es besteht moderate bis gute Evidenz, dass körperliche Aktivität und Bewegungstraining zur Prävention und Therapie von Osteoporose und zur Sturzprophylaxe beiträgt.
Arthrose	Die Wirkung von Bewegungsprogrammen zur Sekundärprävention und Therapie der Arthrose des Knie- und Hüftgelenks gilt als nachgewiesen. Für die Primärprävention steht dieser Nachweis noch aus.
chronische Rückenschmerzen	Es ist mit hinreichender Sicherheit wissenschaftlich belegt, dass Rückenschulen und Bewegungsprogramme chronischen Rückenschmerzen vorbeugen.
Krebs	Eine schützende Wirkung von Bewegung vor Brust- und Darmkrebs wurde in der Mehrzahl der wissenschaftlichen Studien nachgewiesen. Diese Evidenz fehlt bei anderen Krebsformen. In der Therapie trägt Bewegung zwar nicht direkt zur Heilung von Krebs bei, verbessert aber Lebensqualität und Leistungsfähigkeit der Patienten.
Depression	Körperliche Aktivität geht mit einer verbesserten mentalen Gesundheit und reduziertem Auftreten von Depressionen einher (moderate Evidenz). Bewegungstherapie ist als eine evidenzbasierte Behandlungsmethode für Depression und Angstzustände etabliert.
Infektion der oberen Atemwege	Der Zusammenhang zwischen regelmäßiger, dosierter Bewegung und einem reduzierten Auftreten von Erkältungskrankheiten wird als wissenschaftlich ausreichend gesichert betrachtet.

Krankheit/Erkrankung	Effekt/Wirksamkeit
altersbedingte Reduktion kognitiver Funktionen und Demenz	Es besteht begrenzte Evidenz, dass körperliche Aktivität der Demenzprophylaxe dient.
Sterblichkeit	Zahlreiche methodisch präzise Studien belegen den Zusammenhang zwischen Sterblichkeit (Mortalität) und körperlicher Aktivität oder körperlicher Fitness. Eine geringe kardiorespiratorische Fitness gilt als Prädikator für eine erhöhte Sterblichkeit.

Wichtig ist, dass man versteht, dass Sport nicht generell gesund ist, was an den Ausprägungen von Sport in Kapitel 1 ersichtlich wird. **Sport ist die beste Medizin** müsste eigentlich korrekterweise lauten: **körperliche Belastung und Bewegung sind die beste Medizin**.

Frage 4:
Erläutern Sie die Bedeutung von Ausdauertraining im Gesundheitssport. Gehen Sie dabei auf die Eignung folgender Sportarten ein: Laufen, Radfahren, Schwimmen, Inlineskating, Skilanglauf, Pedelec-Fahren, Kanufahren, Wandern.

Ausdauersportart	Trainingsdauer (in Minuten) minimal bis optimal	Besonderheiten
Laufen (Joggen)	30–45	Voraussetzung: belastungsfähiger Bewegungsapparat
Power-Walking	60–75	gelenkschonend
Radfahren Auch: Pedelec	45–60	gute Fettverbrennung, gelenkschonend
Rudern/Paddeln	30–45	Schultergürtel-, Oberkörperkräftigung
Skilanglauf	45–60	klassische Technik bevorzugen
Schwimmen	30–45	sehr gutes Herz-Kreislauf-Training, gelenkschonend
Ergometertraining	30–45 (60)	gute Fettverbrennung, gelenkschonend, geringe Verletzungsgefahr
Inline-Skater	45–60	gute Fettverbrennung, relativ gelenkschonend, Verletzungsgefahr

Bereits nach ungefähr 14 Tagen und 6 Trainingseinheiten sind positive Ergebnisse und Verbesserungen im Herz-Kreislaufsystem messbar.

Zum Pedelec-Fahren: Die Medizinische Hochschule Hannover führte eine fast 3-jährige Studie zum Trainingseffekt von Nutzern von Elektrofahrrädern, auch Pedelecs genannt, durch, deren Ergebnisse 2023 publiziert wurden. „Entgegen vieler Vorurteile zeigen die Zahlen, dass Muskeln und das Herz-Kreislaufsystem beim Pedelecfahren nahezu so gefordert werden wie beim herkömmlichen Radfahren. Wir haben zudem herausgefunden, dass die Pedelecfahrer öfter das Auto durch ihr Pedelec ersetzen als es die anderen Radfahrer tun – ein klarer Mehrwert für ihre Gesundheit.“ Durch ein E-Bike wird der Einstieg in eine alltägliche körperliche Aktivität und für ältere, übergewichtige und weniger trainierte Menschen, eine Möglichkeit geschaffen, ihre körperliche Aktivität zu steigern. Durch die Motorunterstützung sinkt die Hemmschwelle für diese körperliche Aktivität. Insgesamt reduzieren die Pedelec-Fahrer ihr Risiko, einen Herzinfarkt zu erleiden, um über 40 % und auch das Risiko einer Krebs- oder Diabeteserkrankung sinkt mit zunehmender Aktivität (Quelle: www.mhh.de, Zugriff 06.5.2024).

Frage 5:
Diskutieren Sie innerhalb Ihres Kurses die gesundheitliche Wirkung von folgenden „Sportarten“: Wingsuit, Wüstenmarathonläufe, die Radrennen: „Race across America“(ca. 5000 km Länge und ca. 50000 Höhenmeter) und der „Ötztaler Radmarathon“ (ca. 5500 Höhenmeter, ca. 230 km Länge).

Individuelle Schülerlösung

Frage 6:
Diskutieren Sie in Ihrem Kurs die folgende Aussage: „*Jeder* Sport ist gesund!“. Bilden Sie in Ihrem Kurs dazu zwei Gruppen. Eine sammelt Pro-Argumente, die andere Contra-Argumente. Diskutieren Sie danach über Ihre Erkenntnisse.

Individuelle Schülerlösung

Frage 7:
Erläutern Sie, was man unter sanftem Krafttraining versteht? Welche Vorteile bringt es mit sich? Kann man auch nach der Borg-Skala ein Krafttraining betreiben?

Sanftes Krafttraining

Dieses Training eignet sich besonders im Gesundheitssport als Trainingsmethode des Kraftbereichs. Man kann im Grunde genommen wieder nach der folgenden Tabelle vorgehen:

Borg-Skala Kraftbelastungen		
6		
7	Sehr, sehr leicht	

Borg-Skala Kraftbelastungen		
8		
9	Sehr leicht	
10		
11	Recht leicht	
12		
13	Etwas anstrengender	70–80 % moderate Intensität
14		
15	anstrengend	85–90 % mittlere Intensität
16		
17	Sehr anstrengend	90–93 % Wettkampfintensität
18		
19	Sehr, sehr anstrengend	100 % HF Max. HF
20	Zu stark, geht nicht mehr	

Die BORG-Skala für Ausdauerbelastungen und Zuweisung der dazugehörigen Belastungsintensitäten.

Die einzelne Serie (Satz) wird beim **Sanften Krafttraining** nicht zwingend wie im etablierten Krafttraining bis zur letzten Wiederholung durchgeführt, sondern z.T. schon ein paar Wiederholungen zuvor beendet.

Studien zum sanften Krafttraining haben gezeigt, dass die Kraftwerte eines solchen Trainings nur unwesentlich geringer waren als bei einem „Standard-Krafttraining“ (= Durchführung bis zur letzten Wiederholung des Satzes).

Zur Festlegung der Trainingsintensität und des Trainingsumfanges geht man folgendermaßen vor:

Trainingsziel festlegen:

- Kraftausdauer oder
- Muskelaufbau

Gewichtsbestimmung:

- Man wählt eine Gewichtsbelastung aus, bei der ab der 20. Wiederholung bei Kraftausdauer (beim Muskelaufbau ab der 10.–12. Wiederholung) die Belastung als „etwas anstrengender“ bzw. „anstrengend“ empfunden wird.
- Wenn man mehrere Serien (3–5) durchführen möchte, kann man bei jeder Serie 1–2 Wiederholungen weniger durchführen als bei der vorhergehenden Serie.

Vorteile des Sanften Krafttrainings
Orthopädische Aspekte
• Relativ geringe Belastung des aktiven und passiven Bewegungsapparates • Verminderte Gefahr von Technikabweichungen durch zu starke Ermüdung • Reduzierte Gefahr von Inkontinenz aufgrund von Pressatmung oder starker intraabdominaler Druckerhöhung (insb. Frauen)
Physiologische Aspekte
• Niedrigere Herzfrequenz – und Blutdruckwerte • Geringerer Sauerstoffbedarf des Herzmuskels • Insgesamt niedrigere HKS-Belastung • Reduzierte Ausschüttung von Stresshormonen (Adrenalin u. Noradrenalin) • Verringerte Immunologische Belastung • Stark vermindertes Risiko der Pressatmung und der damit assoziierten Problematik für das Herz-Kreislauf-System
Trainingsspezifische Aspekte
• Verkürzte Regenerationsphasen • **Sanftes Krafttraining ist besonders geeignet für**: (Kinder-) und Jugendtraining, Schulsport, Training von Älteren, Training von Personenmit orthopädischen und internistischen Erkrankungen oder für ein allgemeines Krafttraining im Breiten- und Freizeitsport • **Geringere psychische Belastungen** – Motivationshilfe für Sportler, welche keine „harten Belastungen" wollen, welche z.B. starke Schmerzen verursachen können

Im präventiven Bereich haben sich für den aktiven und passiven Bewegungsapparat viele Formen der funktionellen Gymnastik in den Sportvereinen besonders bewährt: Wirbelsäulengymnastik, Theraband-Kräftigung, Pezziball-Gymnastik, Flexi-Bar-Übungen, etc..

Frage 8:
Erläutern Sie, welche Bedeutung das Koordinationstraining im Gesundheitssport hat. Wodurch unterscheidet es sich von sportartgerichtetem Koordinationstraining in einer Sportart?

Koordinationstraining und Gesundheitssport

Die Vielfalt der Fragestellungen zur Bedeutung der Koordination im Gesundheitssport lässt sich unter folgenden Aspekten zusammenfassen:

1. Veränderung der Bewegungskoordination im Zusammenhang mit Verletzungen/Erkrankungen des Bewegungssystems
2. Bewegungskoordination als Risikofaktor für Funktionsstörungen und Erkrankungen des Bewegungssystems
3. Bewegungskoordination als Gesundheitsressource bzw. Schutzfaktor des Bewegungssystems

Zu 1: Verletzungen des Muskel-Skelettsystems sind häufig mit offensichtlichen Veränderungen des Bewegungsverhaltens verbunden. Erkennbar ist dies z.B. an Schonhaltungen, Ausweich- und Kompensationsbewegungen, muskulären Schutzanspannungen, an der Reduktion von Bewegungsumfang und Bewegungsstärke bzw. an der Veränderung weiterer Bewegungsmerkmale. Deutliche und zum Teil in hohem Maße zu Behinderungen führende Veränderungen der Motorik ergeben sich bei neurologischen Erkrankungen. Diese können durch Schmerz hervorgerufen werden. Verbesserungen dieser Situationen können z.B. durch bewegungsbezogene Interventionen, also Koordinationstraining, erzielt werden.

Zu 2: Eine inadäquate neuromuskuläre Kontrolle (unzureichende Koordination) kann als eine Ursache für Fehl- und Überbeanspruchung von Gelenken gesehen werden und zusammen mit einem Kraftdefizit der Muskeln als Risikofaktor für die Entstehung von degenerativen Gelenkerkrankungen. Die muskuläre Kontrolle der Wirbelsäule kann als Risikofaktor für die Entstehung von Rückenschmerzen diskutiert werden. Dies wird zudem durch den Einfluss der Ermüdung auf das Bewegungsverhalten deutlich. Bei ermüdenden Rumpfbewegungen konnte beispielsweise eine Zunahme von Ausweichbewegungen nachgewiesen werden, welche ein erhöhtes Risiko für Wirbelsäulenverletzungen bedeutet.

Zu 3: Wenn eine unzureichende Koordination als Risikofaktor wirken kann, kann umgekehrt eine gute, angepasste und angemessene Koordination als Schutzfaktor betrachtet werden. Zum Beispiel kann durch eine schnelle Reaktion eine schnelle muskuläre Gelenkstabilisation hervorgerufen werden, was dabei helfen kann, Verletzungen zu vermeiden. Nach spezifischen sensomotorischen Übungs- und Trainingsprogrammen konnte z.B. eine signifikante Reduktion des Risikos von Kreuzbandverletzungen bei Handballern festgestellt werden.

Koordination ist zudem bis ins hohe Seniorenalter trainierbar. Durch ein mehrwöchiges Koordinationstraining konnte die Stolper- und Sturzgefahr bei Senioren in einem Laufbandtest –das Band wurde bei geringer Geschwindigkeit durch den Notstopp unsichtbar für die Probanden angehalten – deutlich gegenüber der Gruppe reduziert werden, welche kein Koordinationstraining durchgeführt hatte. Daher werden Sportprogramme für Senioren als geeignet betrachtet, die altersbedingte Abnahme der Koordination deutlich zu mindern und zu verzögern. Koordinationstraining kann als Möglichkeit der Sturzprophylaxe gesehen werden, was für Personen, welche an Osteoporose erkrankt sind, eine hohe Bedeutung hat.

Darüber hinaus soll auf den Zusammenhang von Koordination und psychosozialen Gesundheitsressourcen hingewiesen werden, was z.B. die Einstellung zur eigenen Bewegung und die Motivation zu einer bewegungsreichen Lebensweise anbelangt. Im Gegensatz zu sportartgerichtetem Koordinationstraining wird das Koordinationstraining im Gesundheitssport viel allgemeiner gehalten, also umfassender trainiert.

Frage 9:
Wann haben Sie zum letzten Mal selbst Stress erlebt? Notieren Sie sich, was der Auslöser gewesen ist und wie Sie sich dabei selbst gefühlt haben, wie Sie diese Situation empfunden haben.

Individuelle Schülerlösung

Frage 10:
Führen Sie in Ihrem Sportkurs das Entspannungstraining „Progressive Muskelentspannung nach *Jacobson*" oder eine Atementspannung durch. Tauschen Sie sich hinterher in Kleingruppen darüber aus, was Sie dabei empfunden haben und wie es auf Sie wirkte.

Individuelle Schülerlösung

Frage 11:
Erläutern Sie, welche Möglichkeiten sich dem einzelnen Menschen zu seiner individuellen Gesunderhaltung bieten. Was könnten Hinderungsgründe dafür sein?

Körperlich	Sport treiben	Gesunde Ernährung	Körperpflege	Präventive Untersuchungen
Geistig	Schlaf	Entspannungsphasen/Entspannungsmethoden	Tagesplanung	Weiterbildung
Sozial	Pflege des Freundeskreises	Mitarbeit in einem Sportverein	Familie	

Möglichkeiten zur individuellen Gesunderhaltung

Im gesundheitssportlichen Bereich fasst man Hinderungsgründe als sog. „Barrieren" (Abstinenzgründe) zusammen. Nach *Pahmeier* (Handbuch Gesundheitssport, 2006) kann man diese in fünf Typen klassifizieren:

Klassifikationstyp	Hintergrund
Physisch	• verletzungsbedingt, Vorerkrankungen werden mit steigendem Alter häufiger genannt
Emotional	• Frauen fühlen sich z.B. unsportlich, Angst vor Verletzungen
Motivational	• keine Motivation vorhanden, Sport zu treiben
Zeitbezogen	• Werden am häufigsten von Männern und Frauen genannt und werden als am wichtigsten bezeichnet

Klassifikationstyp	Hintergrund
Möglichkeitsbezogen	• keine passenden Angebote vor Ort, fehlende finanzielle Mittel, fehlende Ausrüstung

Frage 12:
Erläutern Sie die zentralen Ergebnisse der *Paffenbarger* Studien? Welche Ergebnisse hatte die *Sygusch*-Studie? Was zeigt die *Sygusch*-Studie im Hinblick auf den Energieaufwand pro Woche? Welche Bedeutung kommt dieser Studie im Gesundheitssport zu?

Die Auswirkungen von körperlicher Aktivität auf die Leistungsfähigkeit, koronare Herzerkrankungen und die Lebenserwartung wurde in einer Reihe von Studien, den sog. *Paffenbarger* Studien, untersucht. Die größte Lebensverlängerung wurde durch:

1. die **Vermeidung von Bluthochdruck** erzielt, gefolgt von
2. **Nichtrauchen** und
3. einer **körperliche Aktivität von mehr als 2000kcal/Woche**.

Das zentrale Ergebnis nach Auswertung der Langzeitstudien mit mehreren tausend Probanden war, dass körperliche Aktivität und Fitness entscheidend zum allgemeinen Erhalt des Gesundheitszustandes, zu einer Verlängerung der Lebenserwartung bis zu ihrem Optimum sowie zu einer Verbesserung der Lebensqualität beitragen.

Durch Sporttreiben und körperliche Aktivität - v.a. Ausdauersport- kann man in gewissen Maßen einen positiven Einfluss auf einen Bluthochdruck nehmen. Körperliche Aktivität wird auch positiv bewertet. Problematisch können jedoch 2000 kcal/Woche (3 bis 5 TE von 30-60 min Dauer) durch körperliche Aktivität/Sport für manche Menschen werden. Die Hürde ist für Neueinsteiger oder Wiederbeginner so hoch, dass die Wahrscheinlichkeit steigt, dass diese entweder erst gar nicht mit dem Sporttreiben beginnen oder relativ früh damit wieder aufhören. Hier setzt die Studie von *Sygusch* an.

Bei der **Sygusch-Studie** wurde ein niedrigschwelliges Angebot/Einstiegprogramm und die Auswirkungen auf die Gesundheit der Probanden untersucht. Die Probanden wurden 3 Jahr lang bei einem Programm betreut, welches 1 x pro Woche über 90 Minuten stattfand, bei moderater Intensität und einem Kalorienverbrauch von 500-800 kcal/Woche durchgeführt wurde.

Bei **bewegungsarmen Erwachsenen mit ungünstigem Risikoprofil** führt hingegen bereits ein Energieverrauch ab 500-800kcal/Woche zu leichten Verbesserungen. Deutliche Wirkungen bei den subjektiven Gesundheitsparametern (psychosoziale Gesundheitsressourcen, Gruppen-atmosphäre, Kontakte, Aufmerksamkeit, Wohlbefinden) wurden in einem systematisch gestalteten Kursprogramm bereits bei einem Energieumsatz von 500-800 kcal/Woche erzielt. Auch ein Energieumsatz unter 1000 kcal/Woche konnte zur Verbessrung einzelner Risikofaktoren beitragen.

Bei bewegungsarmen aber fitten und gesunden Erwachsenen ist ein Mindestenergieumsatz von 1000 kcal/Woche zur Verbesserung von physischen Ressourcen und Risikofaktoren notwendig Die *Sygusch*-Studie zeigte auf, dass man auch mit weniger Aufwand als den zitierten 2000 kcal/Woche bereits sehr viel für seine Gesundheit erreichen kann. Die Ergebnisse können als Wegweiser für Vereine verstanden werden, Kurse im Gesundheitssport mit einem entsprechend niedrigschwelligen Angebot zu machen.

Frage 13:
Erläutern Sie die Möglichkeiten einer gesunden Lebensführung im Jugendalter. Was davon setzen Sie selbst bereits um, was nicht? Worin liegen die Gründe für Ihr Verhalten?

Um es vorwegzunehmen: die Frage, ob sich bereits Kinder bzw. Jugendliche mit den verschiedenen Aspekten einer gesunden Lebensführung beschäftigen sollten, muss mit einem eindeutigen „Ja!" beantwortet werden. Der Hintergrund ist, dass viele Krankheiten bereits im Kindes- bzw. Jugendalter entstehen oder auftreten können, wie z.B. Diabetes II, Adipositas (mit einhergehenden Fettstoffwechselstörungen) oder Herz-Kreislaufprobleme (Anzeichen: mangelnde körperliche Leistungsfähigkeit). Mit starkem Übergewicht haben von Jahr zu Jahr immer mehr Kinder und Jugendliche zu kämpfen, die damit einhergehende extreme Belastung für den passiven Bewegungsapparat (Gelenke) sind eine häufige Folgeerscheinung. Es besteht zudem der begründete Verdacht, dass z.B. die „Arteriosklerose" durch mangelhafte Ernährung sich bereits im Kindesalter zu entwickeln beginnt. In der Gruppe der 5-7-Jährigen hat sich die Anzahl der dicken Kinder in den letzten 30 Jahren verdoppelt, bei den 10-Jährigen sogar vervierfacht. Wenn dieser Trend anhalten sollte, wird im Jahr 2040 jeder zweite Erwachsene adipös, also stark übergewichtig sein. Immer mehr Kinder entwickeln in letzten Jahren z.B. Diabetes II. Betrachtet man das Alter der Kinder/Jugendlichen ist klar, dass diese Unterstützung aus ihrem Elternhaus (evtl. auch Schule) benötigen, um diesbezüglich zu einem insgesamt gesunden Lebensstil zu finden. Kindergartenkinder und Grundschulkinder essen (meistens!) das, was sie von den Eltern auf den Tisch gestellt bekommen. Sie sind also von ihren Eltern und damit deren Know-how abhängig.

Die Unterschiede von aktiven Jugendlichen gegenüber nichtaktiven Jugendlichen (11-19 Jahre) sind relativ eindeutig und belegen, dass ein erhöhtes Maß an Sporttreiben (gemessen an Dauer, Häufigkeit und Intensität) die motorische Leistungsfähigkeit steigert. Sportlich aktive Jugendliche sind gesünder als Nicht-Sportler, insbesondere in den Bereichen Fitness, Risikofaktoren, subjektiver Gesundheitszustand, psychosoziale Ressourcen und mit Abstrichen auch bei einigen körperlichen Beschwerden. Zudem geht man davon aus, dass im Sport von den Kindern/ Jugendlichen wichtige Tugenden wie z.B. Wille, Anstrengungsbereitschaft und Durchhaltevermögen (Stichwort: exekutive Funktionen) erlernt werden können, welche ihnen in ihrem späteren Leben zugutekommen können.

Vorliegende nationale und internationale Studien zum Jugendalter weisen einen positiven Zusammenhang zwischen sportlicher Aktivität und gesundheitlichem Befinden auf.

Es liegen des Weiteren leichte Vorteile der jugendlichen Sportler beim Tabakkonsum vor. Da das Rauchen für die Entstehung der Arteriosklerose mitverantwortlich gemacht wird, ist dies positiv zu bewerten. Eine gesunde Lebensführung umfasst folgende Faktoren:

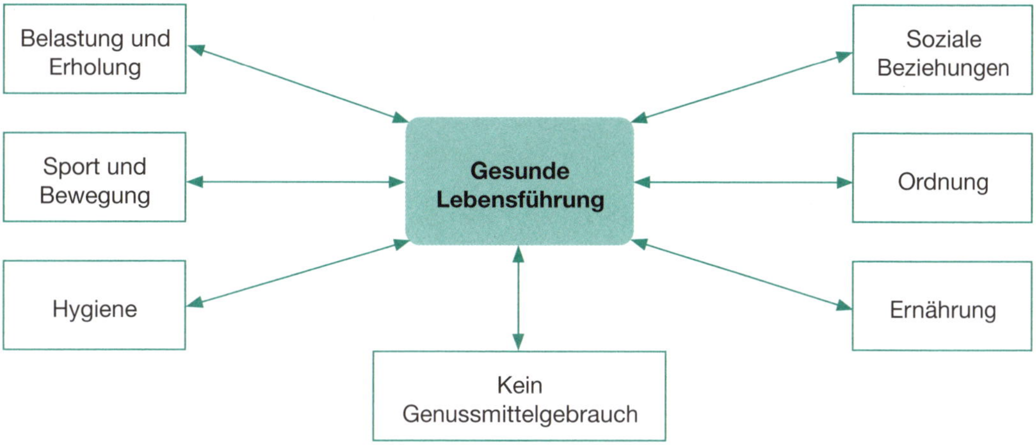

Kinder und Jugendliche sollten sich vielseitig und abwechslungsreich bewegen und Sport treiben und damit möglichst im frühen Schulkindalter (5-7 Jahre) beginnen. Das sollten die Kinder am besten in einem Sportverein tun, der über qualifizierte (lizenzierte) Trainer bzw. Übungsleiter verfügt. Sie sollten sich im Sport immer wieder auch einmal richtig **auspowern**. Dazu ist regelmäßiges Sporttreiben zu empfehlen, wobei der Spaßfaktor dabei möglichst groß sein sollte. Für Jugendliche gelten die gleichen wichtigen Bereiche/Aspekte des Gesundheitssports wie für Erwachsene:

- Ausdauertraining
- Krafttraining, körperstabilisierende Übungen
- Entspannung (Schule/Freizeit)
- Ernährung

Auch Kinder und Jugendliche sollten sich abwechslungsreich, vollwertig und ausgewogen ernähren. Ein erster Schritt zu einer bewussteren Ernährung könnten 7-Tage-Ess- bzw. Trinkprotokolle sein, die dann in der Schule im Sportkurs oder im Biologieunterricht gemeinsam besprochen werden können.
weitere Fragen: Individuelle Schülerlösung

Frage 14:
Während der Corona-Pandemie hat die Anzahl an Videos von sog. *Fitness-Youtubern* stark zugenommen. Schauen Sie sich solche Videos zu zweit, in einer kleinen Gruppe oder im Kurs an und nehmen Sie dazu kritisch Stellung. Was ist daran positiv zu bewerten, was negativ? Über welche Expertise/Qualifikation verfügen diese Autoren?

Individuelle Schülerlösung

11 Aufwärmen

Frage 1:
Analysieren Sie Ihr eigenes Aufwärmprogramm dahingehend, ob es den gestellten Forderungen strukturell und inhaltlich entspricht. Wo könnte es noch optimiert werden?

Individuelle Schülerlösung

Frage 2:
Ein Tischtennis-Trainer lässt seine 12–14 jährigen Spielerinnen vor jedem Training eine Dreiviertelstunde ausdauernd laufen. Wie beurteilen Sie dies?

Dies stellt eine Überforderung und einen trainingsmethodischen Fehler dar. Man darf Aufwärmen nicht mit Ausdauertraining verwechseln. Wenn man ein Ausdauertraining dem Tischtennistraining vorschaltet, dann ermüdet man die Mädchen vor dem Training. Dadurch leiden die Trainingsqualität und Effizienz des Trainings.

Frage 3:
Ein Trainingsteilnehmer meint, es sei Sommer und entsprechend warm, sodass auf ein Aufwärmen verzichtet werden könnte. Wie beurteilen Sie diese Aussage?

Das Aufwärmen muss bei heißen Außentemperaturen nicht in der zeitlichen Länge und Intensität durchgeführt werden wie im Winter. Auf ein Aufwärmen sollte dennoch nicht gänzlich verzichtet werden.

Frage 4:
Beobachten Sie Kinder im Schulhof oder auf dem Bolzplatz. Beschreiben Sie, was Sie bezüglich des Aufwärmens feststellen können?

Individuelle Schülerlösung

Frage 5:
Wie verhalten sich i.d.R. Skifahrer oder Snowboarder bezüglich des Aufwärmens vor der ersten Abfahrt. Worin könnten die Ursachen liegen?

In der Regel kann man nur wenig Skifahrer und Snowboarder beobachten, die sich vor dem Fahren aufwärmen. Gründe können vielfältig sein. Man hat u.U. Hemmungen, weil man sich beobachtet fühlt und die Beobachter denken könnten, das müssen Rennfahrer sein, weil man diese vor dem Start im Fernsehen dabei beobachten kann. Auch die Unkenntnis darüber, welchen Sinn und Zweck Aufwärmen mit sich bringt kann dazu führen, dass die Menschen sich nicht aufwärmen. Sie sehen zudem, dass kaum jemand sich vor seiner ersten Abfahrt aufwärmt, außer Skikurse. Denn dies wird von den Landesverbänden (positives Beispiel: Schwäbischer Skiverband, SSV) in der Skilehrerausbildung gelehrt. Aufwärmen vor dem Skifahren oder Snowboarden beinhaltet genau die gleichen Vorteile eines Aufwärmens wie vor anderen Sportarten.

Frage 6:
Ein Sportspieltrainer lässt zum Aufwärmen vor dem Tischtennistraining ein Basketballspiel durchführen. Wie beurteilen Sie dieses Vorgehen?

Dies ist trainingsmethodisch nicht in Ordnung. Das Basketballspiel selbst ist noch verletzungsträchtiger als Tischtennis. Die Intensität ist von Beginn an sehr hoch, was dem Prinzip des Aufwärmens, die Intensität langsam zu steigern, widerspricht. Die Zweikämpfe um den Ball sind zusätzlich verletzungsgefährdend. Insofern ist es unsinnig, sich mit einem Basketballspiel (oder Fußball, Hallenhockey) aufzuwärmen.

Frage 7:
Vergleichen Sie innerhalb Ihres Sportkurses das unterschiedliche Aufwärmen in den verschiedenen Sportarten Ihrer Mitschüler/innen. Wo gibt es Gemeinsamkeiten, wo Unterschiede. Wie lässt sich dies jeweils erklären?

Individuelle Schülerlösung

Frage 8:
Analysieren Sie im Internet – oder *live* – bei höherklassigen Mannschaften (z.B. Fußball-Bundesligaspiel, Handball-Bundesligaspiel etc.) das Aufwärmprogramm. Vergleichen Sie es anschließend mit den an ein optimales Aufwärmen gestellten Anforderungen. Wo gab es Abweichungen? Was waren besondere Merkmale? Was war gut? Haben Sie Verbesserungsvorschläge?

Individuelle Schülerlösung

Frage 9:
Entwickeln Sie ein Aufwärmprogramm für Turner und ein Aufwärmprogramm für Volleyballer. Welche Gemeinsamkeiten stellen Sie fest, welche Unterschiede?

Individuelle Schülerlösung

Ernährung im Sport

12

Frage 1:
Erläutern Sie, welche Folgen eine „schlechte Sporternährung“ für die Sportler nach sich ziehen kann?

Abhängig ist die Antwort auf diese Frage zunächst einmal von dem Leistungsniveau auf dem der Sport betrieben wird und der Sportart/Disziplin selbst. Generell kann man sagen, je höher das Niveau, desto wichtiger wird der Beitrag der Ernährung zur sportlichen Leistung. Im Ausdauersport ist sie mit zunehmender Belastungsdauer und in den Spielsportarten mit zunehmender Bedeutung der Grundlagenausdauer hoch einzuschätzen. Folgen mangelhafter Ernährung können sein:

- Schnellere Ermüdung oder Erschöpfung
- Leistungsabfall – v.a. im Ausdauerbereich
- Verzögerte oder verschlechterte Regeneration
- Verzögerte oder verschlechterte Anpassungserscheinungen
- Nachlassen der technischen Fertigkeiten mit zunehmender Belastungsdauer
- Nachlassen der kognitiven Fähigkeiten

Frage 2:
Beschreiben Sie, was man unter dem Grundumsatz (GU) versteht.
a. Nach welcher Faustformel kann man ihn berechnen?
b. Was versteht man unter dem Gesamtumsatz?

Unter dem Grundumsatz versteht man den Energieumsatz des menschlichen Organismus zur Aufrechterhaltung seiner Stoffwechselfunktionen, gemessen 12-24 Stunden nach Nahrungsaufnahme bei einer Temperatur von 20 Grad sowie körperlicher und geistiger Ruhe. Er ist abhängig von:

- **Körpergewicht**: je höher das Gewicht, umso höher ist der GU
- **Alter**: je älter, umso geringer ist der GU
- **Geschlecht**: GU bei Frauen ca. 10 % niedriger als bei Männern

- **hormonelle Einflüsse**: GU erhöht bei gesteigerter Hormonproduktion (z. B. Katecholamine)
- **Tageszeit**: Minimum nachts, Maximum am Nachmittag
- **zentralnervöse Einflüsse**: bei erhöhtem Muskeltonus erhöhter GU

a) Faustformel zur Berechnung des Grundumsatzes

   1 kg Körpermasse benötigt pro Stunde eine Energiemenge von ca. 4 kJ.

   Grundumsatz = 4 kJ (h × kg); (1 kcal = 4,18 kJ)

b) Beschreibung des Gesamtumsatzes

   Auch körperliche Arbeit wie Gartenarbeit oder Spaziergänge bedingen einen höheren Energieumsatz als den Grundumsatz. Dieser wird als Leistungszuwachs oder Leistungsumsatz bezeichnet. Häufig wird der Gesamtumsatz in Ruheumsatz und Arbeitsumsatz aufgeteilt. Der Ruheumsatz wird bei völliger Körperruhe gemessen. Er liegt ca. 10-15 % über dem Grundumsatz:

Gesamtumsatz = Ruheumsatz + Arbeitsumsatz

Frage 3:
Beschreiben Sie, von welchen Faktoren der Energiebedarf im Sport abhängt.

Sportler*innen stellen keine homogene Gruppe dar, sondern unterscheiden sich in zahlreichen Faktoren, die Auswirkungen auf den Energie- und Nährstoffbedarf haben:

- Alter, Geschlecht
- Körpergewicht
- Muskelmasse (Körperzusammensetzung)
- Sportart/Disziplin
- Trainingsphase/Wettkampfphase
- Trainingshäufigkeit (TE pro Woche oder TE pro Tag)
- Trainingsinhalte
- Trainingsintensität
- Trainingszustand

Es ist zudem zu berücksichtigen, dass Sportler*innen je nach Trainings- und Wettkampfphase innerhalb der Jahresperiodisierung, aber auch innerhalb einer Woche die Belastungsintensität und Belastungsdauer unterschiedlich gestalten. Jugendliche haben im Leistungssport einen zusätzlich wachstumsbedingten höheren Energie- und Nährstoffbedarf. Zusätzlich können im Leistungssport und besonders im Nachwuchsleistungssport die Körperzusammensetzung von Sportler*innen auch innerhalb der gleichen Sportart/Disziplin sehr stark variieren. Zum Beispiel können Athletinnen im Ausdauerbereich 50-60 kg wiegen und Werferinnen 130 kg auf die Waage bringen.

Frage 4:
Erläutern Sie, wie die prozentuale Aufteilung der Nährstoffe bei Nichtsportlern aussieht? Wie sieht sie bei Sportlern aus? Wie erklärt sich die Differenz?

Eine mögliche Aufteilung wäre:

	Kohlenhydrate [%]	Fette [%]	Proteine [%]
Nichtsportler	50	30	20
Sportler	60	15-20	20-25

Sportler haben einen erhöhten Kohlenhydratbedarf gegenüber Nichtsportlern, da die Muskeln als „Treibstoff" primär Kohlenhydrate verstoffwechseln, v.a. in den Spielsportarten und Ausdauerbelastungen. Kohlenhydrate stimulieren ferner über das Insulin die Proteinsynthese. Je nach Trainingsschwerpunkt kann der Proteinbedarf bei Sportlern erhöht und der Fettbedarf reduziert sein.

Frage 5:
Erläutern Sie, welche Bedeutung Kohlenhydrate bei sportlichen Belastungen von bis zu zwei Stunden Dauer haben.

Die Kohlenhydrate haben für Sportler eine sehr große Bedeutung. Der Sportler benötigt KH:

- zur schnellen Energiegewinnung
- zur Wiederauffüllung der Glykogenspeicher nach der Belastung
- zur Aufrechterhaltung der Blutglukose-Homöostase während der Belastung
- zur besseren Durchblutung der Muskulatur während der Belastung durch das Insulin
- zur Förderung der Proteinsynthese nach der Belastung
- für die Kognition (Gehirnfunktion)

Frage 6:
Erläutern Sie, weshalb es sinnvoll ist, innerhalb der ersten 45 Minuten nach Belastungsende Kohlenhydrate zu sich zu nehmen. Begründen Sie Ihre Entscheidung.

Nach einer sportlichen Belastung hat ein Sportler ein relativ kleines Zeitfenster, welches zur Nahrungsaufnahme für eine optimale Regeneration genutzt werden sollte. Untersuchungen haben gezeigt, dass je länger man mit dem Wiederauffüllen der Kohlenhydratspeicher wartet, umso schlechter fällt die Regeneration sowie Proteinsynthese (Muskelaufbau) aus. Innerhalb der ersten 45 Minuten nach Belastungsende ist dafür die beste Zeit. Der Flüssigkeits- und Elektrolythaushalt sollte zuerst ausgeglichen werden. Die Wiederauffüllung des Kohlenhydratspeichers kann damit kombiniert werden, wenn man ein kohlenhydrathaltiges Sportgetränk zu sich nimmt.

Frage 7:
Erläutern Sie die Bedeutung des Flüssigkeits- und Elektrolythaushaltes beim Sport? Ist er für alle Sportler/Sportarten und Disziplinen gleich wichtig? Begründen Sie Ihre Entscheidung.

Da der menschliche Organismus zu 60-80 % aus Wasser besteht, kommt dem Flüssigkeitshaushalt eine sehr wichtige Bedeutung zu. Sportler, vor allem sehr gut trainierte Ausdauersportler, können bis zu 1,5 Liter mehr Blutvolumen aufweisen. Wasser erfüllt wichtige Funktionen:

- Thermoregulation – (Schwitzen)
- Lösungsmittel
- Transportmittel
- Baustein

Der Organismus reagiert je nach Trainingszustand sehr empfindlich auf **Flüssigkeitsmangelzustände**. Bereits ab 2 % Körpergewichtsverlust durch Flüssigkeitsverlust kann man erste Symptome feststellen, die sich negativ auf körperliche Leistungen auswirken können. Ein ausgeglichener Flüssigkeitshaushalt ist wichtig für die Körperkühlung durch das Schwitzen. Wird der Körper zu warm, droht ein Hitzekollaps, ab 39,5 Grad Bluttemperatur, sind dessen Sauerstoffbindungsfähigkeit, was sich negativ auf die Ausdauerleistungsfähigkeit auswirken kann. Auch das menschliche Gehirn ist für eine optimale Funktion auf einen ausgeglichenen Flüssigkeitshaus angewiesen.

Für die Leistungsfähigkeit und Gesundheit von Sportlern ist eine bedarfsgerechte Zufuhr an **Mineralstoffen** essentiell. Mineralstoffe sind anorganische Stoffe, die der Körper nicht verbraucht, aber auch nicht selbst herstellen kann. Die Wichtigsten sind: Natrium und Chlorid (zusammen Kochsalz), Calcium, Magnesium, Kalium und Phosphor. Wichtige **Spurenelemente** sind Eisen, Zink, Jod, Selen und Kupfer.

Die Mineralstoffe werden im Dünndarm absorbiert und gelangen über die Pfortader zur Leber. Sie wirken als Regulatoren bei sehr vielen Stoffwechselprozessen. Natrium und Kalium sind wichtig bei der Erregungsleitung (Natrium-Kalium-Pumpe). Calcium ist wichtig für die Verbindung der Aktin- und Myosinfilamente der Muskulatur und dient in den Synapsen als ***second messenger*** *(Reizübertragung auf den Muskel)*. Magnesium spielt eine Rolle im Stoffwechsel, in der Membranphysiologie, der neuromuskulären Reizübertragung und ist ein Co-Faktor des ATP (Energiebereitstellung). Eisen ist wichtig für das Immunsystem, befindet sich im Hämoglobin und

Myoglobin, Zink aktiviert verschiedene Enzyme des Stoffwechsels, ist wichtig fürs Immunsystem. Selen ist ein wichtiges Antioxidans (Sauerstoffradikalenfänger).

Der Flüssigkeitsbedarf variiert von Sportart zu Sportart, von Disziplin zu Disziplin. Sportarten und Disziplinen, die in heißer Umgebungstemperatur im Freien betrieben werden, haben einen erhöhten Bedarf. Ebenso Sportarten, die viel Schutzkleidung voraussetzen, wie z.B. Eishockey, Feldhockeytorleute. Je länger Belastungen in warmer/heißer Umgebung andauern, desto größer wird der Flüssigkeitsbedarf sein, z.B. beim Radsport oder beim Marathonlauf und Triathlon. Hinzu kommen individuelle Unterschiede, denn es gibt Menschen, die viel schwitzen und auch solche, die besonders viel NaCl mit dem Schweiß verlieren (*salty sweater*). Der Taktgeber für das Trinken sollte das Durstgefühl des Sportlers sein.

Frage 8:
Erläutern Sie, von welchen Faktoren die Schweißbildung beim Menschen abhängt. Erklären Sie die Funktion beim Sportler.

Die Schweißbildung des Menschen hängt von folgenden Faktoren ab:

- der Belastungsintensität
- Belastungsdauer
- Trainingsgrad der Sportler (Trainierte haben z. B. mehr Schweißzellen als Untrainierte und können sich deshalb besser kühlen)
- Geschlecht (Männer schwitzen mehr als Frauen)
- klimatische Bedingungen
- Hydratationszustand der Sportler (nur wer ausreichend Flüssigkeit aufgenommen hat, kann genügend schwitzen)
- Bekleidung

Das Schwitzen dient dazu, den Körper des Menschen durch die Verdunstungskälte auf der Hautoberfläche zu kühlen und somit die Körpertemperatur zu regulieren. Ein Hitzekollaps soll verhindert werden. Ebenso die Sauerstoffbindung möglichst lange optimal aufrechterhalten bleiben.

Frage 9:
Ein Sportler sagt, dass er colaartige Getränke für die optimalen Getränke beim Sporttreiben hält. Was spricht dafür, was dagegen? Begründen Sie Ihre Entscheidung.

Colaartige Getränke sind keine geeigneten Sportgetränke. Sie enthalten zum einen zu viel Zucker, und sind hyperton im Vergleich zum menschlichen Blut. Sie sind i.d.R. extrem mineralstoffarm. Die Aufnahme in den menschlichen Organismus ist dadurch stark verzögert. Colaartige Getränke haben einen pH-Wert (ca. 3), der sehr niedrig ist, was die Übersäuerung im Körper antreibt. Kohlensäure behindert das maximale Sauerstoffaufnahmevermögen. Das Coffein verstärkt durch die Blockade eines Hormons in der Urinausscheidung den Verlust von Natrium, Chlorid sowie Magnesium und Calcium. Dadurch kann die Krampfanfälligkeit steigen. Die Zuckeraufnahme ist verzögert, dauert zwischen 20 und 45 Minuten. Zusätzlich kann das Coffein auch die Nervosität des Sportlers steigern.

Frage 10:
Welche Probleme können auftreten, wenn man es mit der Bedeutung der Sporternährung übertreibt, Essen zur *Religion* erklärt? Begründen Sie Ihre Entscheidung.

Ja, diese Gefahr besteht durchaus, dann nämlich, wenn der Sportler seine Ernährung für sich zu einer Art „Religion" erklärt. Gefährdet sind v.a. Sportler*innen der Sportarten, bei denen die äußere Erscheinungsform eine Rolle spielt (ästhetische Sportarten) oder ein niedriges Körpergewicht einen Leistungsvorteil erbringt: Skispringer*innen, Hochspringer*innen, Läufer*innen, Rhythmische Sportgymnastinnen, Schwimmer*innen, *Ballett, *Turner*innen, Tänzer*innen, Judoka, Ringer*innen, Skilangläufer*innen, Biathleten*innen. Bei den Skispringern wird seit mehreren Jahren der BMI überprüft. Das Schicksal des deutschen Topskispringers *Sven Hannawald* (Gewinner der 4-Schanzentournee) sei an dieser Stelle erwähnt.

Bei der nordischen Ski-WM 2021 wurde von Trainern z.B. gefordert, bei Skilangläuferinnen ebenfalls BMI-Bestimmungen durchzuführen. Man muss pathologische Essstörungen (Krankheitsbilder: Bulimie / Anorexie) und gestörtes Essverhalten voneinander trennen. Dies ist schwierig, da die Übergänge fließend sind und die Symptome - vor allem für Laien - nicht einfach zu erkennen sind. Häufig tritt ein exzessives Sporttreiben in Kombination mit einem auffälligen Essverhalten (z.B. nichts essen während andere essen, nur Wasser trinken, „Miniportionen" essen...) auf. Ein solches Essverhalten trifft zu 70-80 % auf Frauen zu, zwischen 20-30 % der Betroffenen sind Männer. Dieses Verhalten kann unter Umständen, wenn der Verlauf bestimmte Formen annimmt, für die Betroffenen einen sehr langen Leidensweg bedeuten, der mitunter sogar tragisch mit dem Tod der Sportlerin oder des Sportlers enden kann.

Frage 11:
Haben Sie in Ihrer eigenen Sportart schon etwas über Sporternährung erfahren? Was können Sie aus dem vorliegenden Kapitel daran wiedererkennen? Gibt es etwas, auf das zusätzlich zu achten wäre?

Individuelle Schülerlösung

Frage 12:
Ein ehemaliger Nationaltorhüter berichtet darüber, dass er zum Mittagessen vor den Spielen ein 300-Gramm-Steak und einen „Berg“ von Pommes-Frites gegessen habe. Wie beurteilen Sie dieses Essverhalten?

Dies ist ein Ernährungsfehler. Das Steak liegt mindestens 7-8 Stunden im Magen, bevor es im Darm verdaut werden kann. Mit dem Steak nimmt der Spieler gleichzeitig Fett auf, im Fleisch zwar relativ wenig, aber das Steak wird in Öl gebraten. Die Pommes Frites sind ebenfalls vor dem Spiel dringend zu vermeiden. Sie haben einen Fettgehalt von 30-40 % und belasten damit zusätzlich den Verdauungstrakt, haben den Magen zu Spielbeginn (Mittagessen war ca. 3 Stunden vor dem Spiel) noch nicht verlassen. Der Organismus ist also noch während des Spiels mit der Verdauung beschäftigt. Der Torwart hat auch gespürt, dass das Essen ihm „schwer im Magen lag“.

Frage 13:
Über sein Buch wirbt ein Tennis-Weltklassespieler für glutenfreie Ernährung. Wie beurteilen Sie diese Ernährungsform im Zusammenhang mit Spitzenleistungen für Breiten- und Freizeitsportler in dieser Sportart? Was spricht dafür, was dagegen? Begründen Sie Ihre Entscheidung.

Glutenfreie Ernährung ist zwingend nur für Menschen vorgeschrieben, welche an Zöliakie erkrankt sind. Sich ohne Grund glutenfrei zu ernähren ist für nicht an Zöliakie leidende Menschen nicht ratsam. Außerdem wird suggeriert, dass die glutenfreie Ernährung ursächlich damit zusammenhängt, dass der Spieler über Jahre hinweg die Nummer 1 der Tennisweltrangliste war. Es ist moralisch und natürlich fachlich problematisch, eine solche Bedeutung mit dieser Ernährungsweise in Verbindung zu bringen.

Frage 14:
Im Internet gibt es sehr viele Ernährungstipps von Spitzensportlern. Analysieren Sie drei davon und beurteilen Sie diese auf ihre Alltagstauglichkeit für Breiten- bzw. Freizeitsportler. Begründen Sie Ihre Entscheidung.

Individuelle Schülerlösung

Sportpsychologie

13

Frage 1:
Finden Sie für die einzelnen Begriffe Angst, Stress, Motivation und Konzentration entsprechende Sportarten/Situationen, in denen diese deutlich zu erkennen sind. Beschreiben Sie, was diese Sportarten/Situationen kennzeichnet.

	Angst	**Stress**	**Motivation**	**Konzentration**
Skiabfahrtslauf	Sturz, Verletzung, Versagen	Streckenbeschaffenheit, geänderte Lichtverhältnisse	Wille zum Sieg, auf möglichst gute Platzierung fahren	auf die Schwünge, Punkte zum Einleiten der Schwünge
Karate	• Verletzung, Versagen • Qualifikation verpassen	• unbekannter Gegner • starker Gegner, verbleibende Wettkampfzeit	Siegeswille, gut abschneiden	auf Angriffe und Abwehraktionen, Finten des Gegners
Fußballtorwart (Handballtorwart, Eishockeytorwart, Hockeytorwart)	• Verletzung • Fehler, Blamage durch leichten Fehler, Auswechslung im nächsten Spiel • beim Elfmeter verladen zu werden	• letzter Mann, seine Fehler sind offensichtlich und folgenschwerer wie die der Feldspieler • schwacher Torwart verunsichert die Abwehr	jeden Ball abzuwehren, „zu null" zu spielen, dem Team Sicherheit geben, seine Abwehr steuern, Vorderleute loben	• enge Konzentration auf strafraumnahe Spielsituationen • weiter gefasste Konzentration auf strafraumferne Spielsituationen, „gedanklich mitspielen" • Begriff: Torspieler
Tanzsport	• Fehler im Tanz (eigene und Fehler des Partners) • Versagen • Qualifikation verpassen	• starke Konkurrenzpaare • Qualifikation für nächste Runde • Reisestress	• Wille zum Sieg • sein Bestes geben	• Choreografie beherrschen • auf Aktionen des Partners achten • andere Paare auf der Fläche peripher wahrnehmen (Reaktion)

Frage 2:
Erläutern Sie, wie es in Ihrer eigenen Sportart mit der Konzentration aussieht? Wie wichtig ist ihre Bedeutung für Sie selbst bei der Ausübung? Haben Sie noch Bedarf, diese zu verbessern?

Individuelle Schülerlösung

Frage 3:
Welches sind Ihre Motive für Ihr eigenes Sportreiben? Spielen Motive auch eine Rolle für Sie in Sportarten, die Sie nicht ausüben möchten? Welche sind dies?

Individuelle Schülerlösung

Frage 4:
Erläutern Sie, was man in der Psychologie unter Angst versteht. Bei welchen Situationen kann sie im Sport auftreten? Haben Sie selbst im Sport schon Situationen erlebt, in denen Sie Angst verspürt haben?

Unter **Angst** versteht man unangenehme Gefühlszustände, die aufgrund realer oder vermuteter Bedrohung entstehen (vgl. *Gabler, Nitsch, Singer* 2004).

Man kann weiterhin differenzieren zwischen aktuellen Angstgefühlen, der **Zustandsangst** (state-anxiety) und Ängstlichkeit als eine individuelle und zeitlich überdauernde Bereitschaft eines Menschen, angstbestimmt zu handeln, insbesondere mit Angst auf Bedrohung zu reagieren. Die Angst stellt hier ein Persönlichkeitsmerkmal dar und kann auch als Motivdisposition verstanden werden und wird als **Eigenschaftsangst** (Ängstlichkeit, trait-anxiety) bezeichnet. Es gibt eine angeborene Angstdisposition, die in Gefahrensituationen zu Angst führt und Vermeidungsreaktion auslöst. Die folgende Tabelle zeigt Primäre Angstauslöser im Sport:

Primäre Angstauslöser
• Sturzgefahr
• Unbekanntes
• Orientierungslosigkeit

• Lautes Gespräch
• Schmerz

Primäre Angstauslöser (vgl. *Baumann* 2018)

Der Gleichgewichtsverlust vergrößert die Gefahr, sich beim Sturz zu verletzen und Schmerzen zu erleiden. Beides wäre bei unserem Skifahrerbeispiel gegeben. Es kann die Angst des Skiläufers sich vor seinen Freunden oder Zuschauern zu blamieren größer sein als die Angst, sich durch den Sturz zu verletzen. Primäre Angstauslöser können auch Ursache von Folgeängsten sein, wie die folgende Tabelle zeigt.

Primäre Angstauslöser	Folgeängste vor
• Gleichgewichtsverlust (Sturz)	• Steilem Gelände
	• Richtungsänderungen
	• Unkontrollierbarer Geschwindigkeit
	• Verletzung
	• Blamage
	• Enttäuschung (Aggression)

Folgeängste des Gleichgewichtsverlusts beim Skifahrer (vgl. Baumann 2018)

Man kann die Angst vor dem Gleichgewichtsverlust vermindern bzw. ausschalten, wenn man technisch in der Lage ist, die Fahrt zu kontrollieren und eine Sturzsituation zu vermeiden. Dies kann durch vorausschauende Planung gelingen. Man rechnet z.B. mit einem Sturz und plant verschiedene Handlungsstrategien zu seiner Vermeidung ein. Die zusammen mit dem Schmerz auftretende Angst kann durch die Kenntnis seiner Ursachen vermindert oder verstärkt werden. Beim Menschen können folgende Symptome der Angst festgestellt werden:

- Organische Symptome: sind körperliche Veränderungen, die durch die Angst bewirkt werden wie Pupillenerweiterung, Pulsbeschleunigung, Gesichtsblässe, Atemnot, Atmungsbeschleunigung, Magenbeschwerden.
- Motorische Kennzeichen: Das menschliche Bewegungsverhalten wird durch Angst koordinativ und adaptiv beeinflusst. Symptome können sein: gehemmte, linkische, unkoordinierte Bewegungen, Fehlanpassungen und Fehlleistungen, Verkrampfungen, Störungen von Bewegungsrhythmus und Bewegungsfluss.
- Verhaltensmerkmale: Angstsymptome, die sich in bestimmten Verhaltensweisen äußern, müssen vorsichtig interpretiert werden. Darunter kann die Drückebergerei fallen, aggressives Handeln, Passivität, Übereifer, Zögern, Prahlerei und Angeberei.

Zum Zusammenhang von Angst und Leistung im Sport stellt *Gabler* (2004) fest, dass bei Sportlern Angst vorwiegend Leistungsbeeinträchtigungen zur Folge hat und leistungsförderliche Effekte eher unwahrscheinlich sind.

Der Mensch ist seinen Ängsten nicht hilflos ausgeliefert. Um etwas gegen die Ängste zu unternehmen, müsste zunächst eine Analyse der Angstbedingungen mit dem Sportpsychologen oder Coach erfolgen. Durch die Analyse angstauslösender Bedingungsfaktoren sowie unter Berücksichtigung des Alters und der sportlichen Handlungssituation kann dann ein Maßnahmenkatalog nach methodischen, pädagogischen oder psychoregulativen Gesichtspunkten erarbeitet werden (vgl. *Baumann* 2018).

Haben Sie selbst im Sport schon Situationen erlebt, in denen Sie Angst verspürt haben?

Individuelle Schülerlösung

Frage 5:
Beschreiben Sie aus Ihrer Sicht, ob es Sportarten gibt, bei denen Sie die Angst davon abhalten würde, diese auszuüben. Versuchen Sie zu erklären, woran das genau liegt.

Individuelle Schülerlösung

Frage 6:
Beurteilen Sie, ob das bekannte „Lampenfieber" vor dem Wettkampf eine Form von Angst darstellt, die die Leistung behindert oder fördert.

Den Gefühlszustand des Lampenfiebers bzw. Vorstartzustands kennt jeder Sportler vor einem entscheidenden Elfmeter im Fußball oder einem Freiwurf im Basketballspiel. Man kann davon ausgehen, dass Angst bzw. Stress im Wettkampf zu einer Leistungsminderung führt. Durch Angst oder Stress werden unsere Kognitionen blockiert, also die Fähigkeit, sich zu konzentrieren, wichtige, kritische Situationen im Wettkampf zu analysieren und zielgerichtet zu handeln. Was läuft mental in diesem Augenblick bei einem Sportler ab? Angst bzw. Stress treten immer genau dann auf, wenn ein Sportler die belastende Situation als die eigenen Fähigkeiten überschreitend bewertet. *Hanin* entwickelte eine Theorie anhand von Feldstudien, die zu dem Ergebnis kommt, dass nicht ein bestimmtes Niveau von Emotionen, wie z.B. Angst oder Freude, eine ideale Leistung bei allen Sportlern hervorruft, sondern dass dies individuell verschieden ist. Die simple Gleichung „positive Emotionen = leistungsförderlich und negative Emotionen = leistungsbeeinträchtigend stimmt so nicht. Das Niveau der Zustandsangst, das zu einer idealen Leistung führt, ist nach *Hanin* bei jedem Sportler unterschiedlich. Das Niveau muss sich innerhalb bestimmter Grenzen in einer konkreten Zone befinden, die für jeden Sportler unterschiedlich ist. Verschiebt sich das Gleichgewicht in die eine oder andere Richtung, kann es zu Angst oder Stress kommen.

Alfermann und *Stoll* (2017) beschreiben dies anhand des Freiwurfs im Basketball. Nur noch wenige Sekunden zu spielen und ein Spieler muss den Freiwurf nehmen. Er denkt über die Situation nach, fragt sich, ob er wohl treffen wird. Drei von fünf hat er zuvor getroffen, ist sich also nicht ganz sicher. Er denkt sich, was passiert eigentlich, wenn ich nicht treffe? Was denken Mitspieler und Trainer von mir? Wie reagieren die Zuschauer? Der Korbring wird während dieser Gedanken immer kleiner. Der Puls geht nach oben, die Muskulatur wird fest mit der Folge, dass der Spieler nicht trifft.

Ist der Reiz jedoch nicht zu stark bzw. gelingt es dem Spieler, diese Situation wirksam zu beherrschen, kann er den für den erfolgreichen Wurf notwendigen psychophysischen Zustand wiederherstellen und den Wurf mit größerer Wahrscheinlichkeit erfolgreich gestalten.

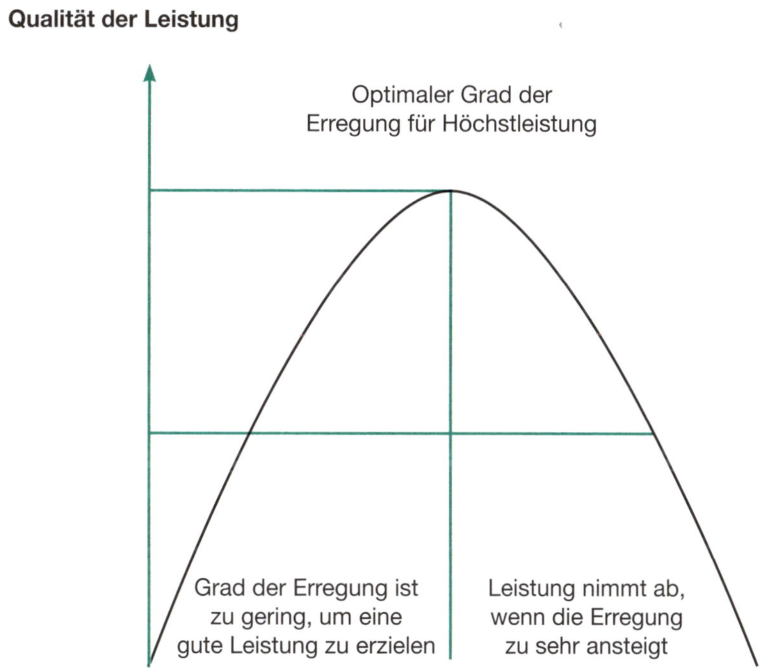

Die Beziehung zwischen Qualität der Leistung und Erregungsniveau (mod. nach *Alfermann/Stoll,* 2017)

Frage 7:
Wie sieht es in Ihrem Sportkurs mit aggressivem Verhalten von Mitschülern aus? Wie reagieret der Kurs auf ein solches Verhalten? Erörtern Sie, warum Sie diese Beobachtung bei bestimmten Mitschülern häufiger als bei anderen auftreten könnte.

Individuelle Schülerlösung

Frage 8:
Haben Sie sich schon einmal selbst aggressiv im Sport verhalten? Wenn ja, warum, was waren die Gründe? War Ihnen dabei bewusst, dass Sie den Gegner hätten verletzen können?

Individuelle Schülerlösung

Frage 9:
Unterhalten Sie sich in Ihrem Sportkurs darüber, wie Sie miteinander umgehen wollen und welches Verhalten Sie dort nicht erleben wollen. Was kann jeder Einzelne zu einem nicht-aggressiven Verhalten beitragen?

Individuelle Schülerlösung

Frage 10:
Schauen Sie sich ein Fußball-Bundesligaspiel an. Wie reagieren i.d.R. die gefoulten Spieler, wie diejenigen, die das Foul begangen haben. Haben Sie eine Erklärung dafür, warum dies so ist?

Individuelle Schülerlösung

Frage 11:
Schauen Sie ein Handball- und ein Fußballbundesligaspiel im Fernsehen. Wie verhalten sich Handballer nach einem Foul (zum Schiedsrichter, zum Gegner, der sie gefoult hat), was tun i.d.R. Fußballer? Welche Erklärung haben Sie für diese Beobachtungen?

Individuelle Schülerlösung

Frage 12:
Können Zuschauer von außen immer klar erkennen, ob es sich um ein absichtliches Foul gehandelt hat?

Zuschauer im Stadion haben i.d.R. keine Chance zu erkennen, ob es sich tatsächlich um ein absichtliches Foul gehandelt hat. Die Perspektiven sind zu ungünstig, zudem haben die Zuschauer keine Möglichkeit, Wiederholungen zu sehen. Selbst beim VAR (Video-Assistenz-Referee) sind manchmal mehrere Perspektiven dazu notwendig, und selbst dann bleibt vieles unklar. Ob es sich um ein absichtliches Foul gehandelt hat, ist zudem sehr spekulativ.

Frage 13:
Erläutern Sie, was man unter Attribution versteht bzw. Kausalattribution. Geben Sie Beispiele aus dem Sport.

Unter **Attribution** versteht man Prozesse, die Personen (Sportler) in Alltagssituationen anwenden, um beobachtetes, eigenes und fremdes Verhalten mit nicht beobachteten Ursachen zu verbinden bzw. zu erklären. Umgangssprachlich sagt man auch, der Mensch sucht nach „Ausreden". Es ist ein Interpretationsprozess, bei dem die Menschen beim eignen Handeln, aber auch sozialen Ereignissen und Handlungen Gründe bzw. Ursachen zuschreiben. Im Sport findet die Attribution beim Leistungsmotiv Anwendung, es geht dabei um Ursachenzuschreibung von Handlungserfolgen oder Handlungsmisserfolgen im Zusammenhang mit sportlicher Leistung. Welche Ursachen für den Erfolg bzw. Misserfolg verantwortlich gemacht werden, hat wesentlichen Einfluss auf die affektiven Reaktionen nach einem Erfolg oder einem Misserfolg. Dies wiederum beeinflusst die zukünftige Motivationslage des Sportlers.

Erfolgsmotivierte attribuieren primär internal bei Erfolgen, sie schreiben also Erfolge auf Anstrengung und eigenes Können zu, während sie Misserfolge auf externale Faktoren, z.B. schlechten Rasen, schlechte Beleuchtung sowie mangelnde Anstrengung zurückführen. Bei Misserfolgsorientierten ist es so, dass sie Erfolge eher auf externale Faktoren zurückführen, z.B. Glück gehabt, der Gegner war nicht gut, während sie sich für Misserfolge selbst verantwortlich machen, also internal attribuieren, und dies auf mangelnde eigene Fähigkeiten zurückführen (internale Attribuierung), z.B. ich habe eine schlechte Vorhand, meine Ausdauer war nicht ausreichend heute etc.

Frage 14:
Erläutern Sie, was man unter „Flow" bzw. dem Flow-Konzept versteht. Geben Sie dazu Beispiele aus dem Sport.

Flow bezeichnet einen Gefühlszustand, der durch völliges Aufgehen in einer Aktivität und durch Freude am Vollzug dieser Aktivität entsteht.

Voraussetzung für das Flow-Erlebnis ist eine optimale Passung zwischen den Fähigkeiten des Sportlers und den Anforderungen der durch den Sportler zu bewältigenden Aufgabe, wobei beide optimalerweise im mittleren Bereich liegen sollten. Es kommt zu einem Verschmelzen von Handeln und Bewusstsein, durch eine Art Versinken in Selbstvergessenheit. Man geht total in dem Augenblick im Sport auf. Die sportliche Tätigkeit wird um ihrer selbst willen ausgeführt. Man ist voll auf die Sache konzentriert, unabhängig von äußeren Bedingungen. Sport ist für Flowerlebnisse geradezu prädestiniert. Ein Beispiel wäre das Runner's High bei Läufern, beim Wellenreiten oder beim Freiklettern.

Frage 15:
Beurteilen Sie bitte, wie wichtig die Kognition in folgenden Sportarten ist: Handball, Fußball, Volleyball, Tischtennis, Tennis, Schwimmen, Marathonlauf, Bogenschießen, Skiabfahrtslauf, Schach.

Kognition ist ein Sammelbegriff für alle Prozesse des Wahrnehmens, Denkens, des Erkennens, Sich-Vorstellens, des Sich-Erinnerns und Sprechens.

Kognitionen sind:

- Gedächtnis
- Denken
- Wahrnehmung
- Aufmerksamkeit und Konzentration
- Sprache
- Entscheidung

Situationen können im Sport mitunter sehr komplex sein und setzen beim Sporttreibenden entsprechende kognitive Fähigkeiten voraus, die wiederum sehr spezifischer Natur sein können. Nicht umsonst spricht man von einer „Spielintelligenz" bei Fußballern, Basketballern oder auch Tennisspielern. Diese Sportler verfügen z.T. über herausragende Fähigkeiten zu problemlösendem Denken in ihrer Sportart. Man denke an die zahlreichen Spielsituationen in den Sportspielen, die taktischen Vorgaben des Trainers und die situative Anwendung im Spiel. Bei Spielmachern sagt man, dass sie eine besondere Fähigkeit hätten, ein „Spiel zu lesen". Wenn Taktiken vom Trainer/Coach vermittelt werden, müssen die Spieler*innen mitdenken. Wenn in der Viertelpause im Basketball der Coach z.B. die Defense-Taktik umstellt, muss diese von den Spieler*innen erinnert werden und verstanden worden sein, sie müssen mitdenken und diese dann im nächsten Viertel umsetzen. Dies setzt kognitive Fähigkeiten voraus. Auch beim Bewegungslernen ist die Kognition beteiligt, Wahrnehmung und Konzentration auf das zu Erlernende sowie das Erinnern an das vom Trainer Vermittelte sind hierbei von wichtiger Bedeutung.

Von den oben aufgeführten Sportarten ist die Kognition wichtig: im Handball, Fußball, Volleyball, Tischtennis, Tennis, Bogenschießen, Schach, Skiabfahrtslauf, Tour de France Radetappe.

Weniger wichtig: im Marathonlauf

14 Sportverletzungen

Frage 1:
Welche *Verletzungsarten* kommen in Ihrer Sportart/Disziplin am häufigsten vor? Welche in Ihrem Sportkurs? Was können Sie vorbeugend dagegen unternehmen?

Individuelle Schülerlösung

Frage 2:
Welche Sportarten bzw. Disziplinen sind in Ihrem Sportkurs besonders verletzungsgefährdend? Was könnte man vorbeugend dagegen unternehmen?

Individuelle Schülerlösung

Frage 3:
Charakterisieren Sie die PECH-Regel. Erläutern Sie möglichst genau die Funktion der einzelnen Schritte.

Die häufigste Verletzungsart im Sport ist die **stumpfe Sportverletzung**, also z.B. eine Prellung (lat. Kontusion) oder eine Stauchung (lat. Distorsion). Um diese Beschwerden zu lindern und einer Verschlimmerung vorzubeugen bzw. eine schnellere Ausheilung zu bewirken, ist es dringend ratsam, sofort mit der Erstversorgung zu beginnen. Dabei soll die Gedankenbrücke, die sog. PECH-Regel helfen, in der richtigen Reihenfolge gezielt und schnell helfen zu können.

Pause	• sportliche Belastung unterbrechen • sonst ist mit einer Verschlimmerung zu rechnen
Eis	• sofortige Eiskühlung 20–30 Minuten, max. 90 Minuten • Eis nicht direkt auf Haut. Kühlung führt zu Schmerzlinderung und Muskelentspannung • durch Gefäßengstellung kommt es zu einer verminderten Einblutung ins verletzte Gewebe • es kommt zu einer geringeren Ausschüttung lokaler Entzündungsstoffe und Schwellung
Compression	• Ruhigstellung und Stütze duch Bindeverband mit elastischer Binde oder Sportbandage • dieser darf nicht zu locker und nicht zu fest gewickelt werden • Gelenke in schmerzarmer, natürlicher Stellung verbinden • bei Pulsieren etwas lockerer binden • Tape-Verbände sind keine Erste-Hilfe-Maßnahme
Hochlagern	• die verletzte Extremität über Herzhöhe lagern, um den venösen Rückstrom zu beschleunigen und den arteriellen Zufluss zu drosseln • so wird die Schwellungsneigung gemindert und der Blutstilleffekt verstärkt

Frage 4:
Beschreiben Sie, was man unter Überlastungsschäden versteht. Was könnte man vorbeugend tun?

Unter **Überbelastungsschäden(-syndromen)** im Sport versteht man eine mehr oder weniger chronische Überschreitung der Belastungstoleranz der sportlich beanspruchten funktionell-anatomischen Strukturen des Bewegungsapparates, seiner Steuerorgane (Hormon- und Nervensystem) und gelegentlich sogar des Immunsystems.

Hauptfehler im Trainingsprozess
- vernachlässigte Regeneration
- zu schnell gesteigerte Anforderungen
- zu großer Belastungsumfang maximaler und submaximaler Intensität
- zu hohe Intensität im Ausdauertraining
- zu rasche Erhöhung der Belastung nach Verletzung oder Krankheit
- übermäßig forcierte Technikschulung ohne ausreichende aktive Erholung
- Übermaß an Wettkämpfen
- Häufung von Misserfolgserlebnissen
- Übersteigerte Zielsetzung

Ungünstige psychische Voraussetzungen
- Hoher Erwartungsdruck mit Versagensangst (häufig geht dieser Konflikt von überehrgeizigen Eltern oder Trainern aus)
- Partnerschaftsprobleme (das Hochleistungsalter ist gleichzeitig auch der Zeitabschnitt der Partnersuche und der Partnerbindung)
- Schwierigkeiten in der Schule/Studium oder im Beruf bei mangelnder psychosozialer Absicherung

Krankheit mit eher schleichendem Verlauf
- Herderkrankungen im Nasen-Rachen-Bereich, z.B. chronische Nebenhöhleneffekte, Zahnherde
- Viruserkrankungen ohne dramatischen Verlauf, z.B. Pfeiffersches Drüsenfieber
- Chronische Magen-Darm-Störungen mit Elektrolyt- und Flüssigkeitsverlusten, z.B. intestinale Unverträglichkeitsreaktionen, die bei Leistungssportlern auffallend häufig vorkommen

Falsche Lebensweise
- Chronisches Schlafdefizit, z.B. bei Sportarten mit häufig wechselndem Wettkampforten
- Unzureichende Ernährungsbedingungen, z.B. in exotischen Ländern
- Alkohol, Nikotin, Shishapfeife, Psychostimulantien, Anabolika, mit der Folge einer mangelhaften Regeneration

Frage 5:
Erläutern Sie, welche Ursachen für Überlastungsschäden eines Langzeittrainings verantwortlich sein können Was könnte man vorbeugend dagegen tun?

Die Symptome von einem Langzeitübertraining mit Krankheitswert können folgende sein:

Symptome infolge Fehlfunktion des Steuersystems
- Affektlabilität: starke Stimmungsschwankungen mit zeitweise aggressiver, aber auch fatalistischer Verhaltensweise
- Antriebslosigkeit: depressive Grundstimmung , erniedrigter oder fehlender Leistungswille
- Schlafstörungen: in der Regel Einschlafstörungen, seltener Durchschlafstörungen
- Konzentrationsstörungen: auffällige Verschlechterung in der Ausführung technischer Bewegungsabläufe, z. B. vermehrte Sturzneigung im Skilanglauf, schlechte Schießergebnisse im Biathlon
- Verschiebung hormoneller Reaktionen: das Verhältnis von aufbauenden (Testosteron) zu abbauenden Hormonen (Kortisol) verschiebt sich zugunsten der abbauenden Hormone. Die Katecholamine (Stresshormone) können entweder übermäßig erhöht oder stark erniedrigt sein.

Symptome infolge Fehlfunktion des Muskel-Energie-Systems

- **Muskelschwäche:** vorzeitige Ermüdung bereits bei relativ niedriger Belastung
- **muskuläre Dysbalance:** einseitiges Training/Sportart/-disziplin (Tennis, Tischtennis, Speerwurf) ohne Ausgleichsgymnastik
- **Krampfneigung:** während des Trainings und vor allem nach dem Training harte Muskulatur bis echte Krämpfe
- **Verletzungsneigung:** insbesondere Muskelfaserrisse
- **Überlastungsschäden:** häufig Sehnenansatzentzündungen (Insertionstendinosen)
- **Koordinationsstörungen** (intermuskuläre Koordination): „eckige" Bewegungsabläufe und fehlerhafte Bewegungsausführung
- **Gewichtsabnahme:** durch Wasserverluste und leere Energiespeicher
- **Veränderung von Laborparametern:**
  - Elektrolytverschiebungen mit Kalium- und Magnesiumerniedrigung
  - Veränderungen im Säure-Basen-Haushalt mit pH-Abfall und Milchsäureanstieg bereits bei geringen Belastungen
  - Anstieg der Muskelenzyme bereits unter Ruhebedingungen (CK über das 2- bis 3-fache)
  - erniedrigtes Ausbelastungslaktat im Laktatleistungstest (z. B. um weniger als 30 % im Vergleich zum Vortest)
  - konstante Harnstofferhöhung unter standardisierten Bedingungen über mehrere Tage
  - hormonelle Verschiebungen

Symptome infolge Fehlfunktion des Herz-Lungen-Systems

- Veränderungen im Ruhepulsverhalten: auffällig hoher Ruhepuls; es kann aber auch ein sehr niedriger Ruhepuls auftreten, der sich nicht vom vagotonen Normalzustand eines guten Ausdauerleistungssportlers unterscheidet
- **vermehrte Neigung zu Kollapszuständen:** beim plötzlichen Lagewechsel von Liegen zum Stehen (orthostatische Dysregulation)
- **erhöhte Ruheatmung:** (Hyperventilation):
  - Ruheatmung liegt deutlich über 14 Atemzügen pro Minute
  - Zeitweilig findet man auch eine sogenannte „Seufzer"-Atmung mit stark vertieftem Atmungsvorgang, der gelegentlich von Seufzern begleitet wird (depressive Reaktion!).

Frage 6:
Beschreiben Sie, welche Verletzungen und Probleme beim Laufen auftreten können. Was könnte man vorbeugend dagegen tun?

Von der **Stressfraktur** sind überwiegend **Langstreckenläufer und Leichtathleten** betroffen. Aber auch bei den Rückschlagspielen (Tennis, Tischtennis, Badminton und Squash), Fußballern und Tänzern können Ermüdungsfrakturen auftreten. Am häufigsten ist der Bereich des Mittelfußes davon betroffen. Durch Überlastungen des Knochens kommt es zunächst zu einer Stressreaktion des Knochens, bei der noch keine Fraktur vorliegt. Erst durch weitgehend monotone Überlastung kommt es im weiteren Krankheitsverlauf zur Überbeanspruchung des Knochens und damit zur Stressfraktur. Es handelst sich dabei also um einen kontinuierlichen schleichenden Verlauf vom gesunden Knochen über die Stressreaktion bis hin zur Stressfraktur mit Kortikalisunterbrechung.

Stressfrakturen entstehen durch eine Dysbalance zwischen Belastung und Regeneration, bei einer Steigerung von Trainingsumfang und Trainingsintensität. Die Wiederherstellung dieser Balance ist demnach das vordringliche Therapieziel bei der Behandlung von Ermüdungsbrüchen.

Bei Läufer*innen (z.T. auch Springer*innen) kann es durch mechanische Überlastung häufiger zu einer Schienbeinkanten-Entzündung der Knochenhaut (Periost)kommen, einer sog. Periostitis. Die Behandlung erfolgt durch eine Belastungspause (Schonung) sowie Kühlung.

Frage 7:
Im Fußball vertraten manche Trainer früher die Auffassung, man sollte „Verletzungen rauslaufen", also möglichst ignorieren und die weitere Belastung würde den Schmerz und die Verletzung verschwinden lassen. Wie beurteilen Sie diese Auffassung?

Dies ist eine antiquierte und auch gefährliche Auffassung. Man schreibt sie v.a. den früheren

Fußballcoaches in England zu. Diese Empfehlung ist deshalb gefährlich, weil man dadurch riskiert, dass sich eine Verletzung beim Spieler noch weiter verschlimmert. Anrisse von Muskeln, Sehnen oder Bändern können zu Abrissen werden, was wesentlich dramatischer wäre, den Heilungsprozess und die Heilungsdauer betreffend. Kurzfristig kann es auf dem Platz dazu führen, dass der Gegner gezielt über den „angeschlagenen" Spieler sein Spiel aufzieht. Der verletzte Spieler ist möglicherweise in seiner Agilität und Schnelligkeit eingeschränkt und kann seinen mannschafts- oder gruppentaktischen Aufgaben nicht mehr ausreichend nachkommen.

Frage 8:
Beschreiben Sie, was zur „female athletes triad" zählt.

Bei Ausdauerathletinnen kann das Auftreten von Stressfrakturen von einer weiteren Störung begleitet sein, und zwar von der **„female athletes triad"**. Sie umfasst folgende drei Punkte:

- Amenorrhoe als Regelblutungsstörung
- verminderte Knochendichte (Osteoporose)
- Essstörung (typischerweise Anorexie)

Diese drei Parameter müssen bei Frauen abgeklärt werden, wenn keine traumabedingten Schmerzen vorliegen. Hauptprobleme sind die unzureichende Kalorienaufnahme, die mangelhafte Nahrungszusammensetzung, sowie Eisenmangel, sowie Zink- und Kalziummangel. Die Symptome sind Gewichtsabnahme, vorzeitige Ermüdbarkeit, Eisenmangelanämie, Amenorrhoe sowie Osteoporose.

Frage 8:
Erörtern Sie, ob es sinnvoll ist, Frauen im Erwachsenenalter zyklusorientiert trainieren zu lassen.

Es gibt Hinweise, dass während der Lutealphase die Verletzungsanfälligkeit von Frauen erhöht ist, da durch den Progesteronanstieg das Gewebe weicher wird und es vermehrt z.B. zu Kreuzbandrissen kommen kann. Auch während der fruchtbaren Tage ist die Sportlerin verletzungsanfällig, denn die hohe Östrogenkonzentration kurz vor dem Eisprung hat einen negativen Einfluss auf die Gelenkstabilität. Es wäre daher sinnvoll, keine Maximalbelastungen durchzuführen und dies v.a. im Sportspielbereich, um keine Verletzungen zu provozieren. Man sollte auf andere Trainingsschwerpunkte ausweichen, also im Sportspielbereich z.B. keine zweikampfbetonten Spiel- und Übungsformen.

Frage 9:
In der Leichtathletik sind gemeinsame Trainingslager zur Saisonvorbereitung eine häufige methodische Maßnahme. Problematisieren Sie, auf was man künftig bei zyklusorientiertem Training für Frauen achten sollte.

Es wird in einem Trainingslager differenziert trainiert. Schließlich hat man Läufer, Werfer und Sprinter dabei, die technisch und konditionell jeweils anders trainieren müssen. Bei erwachsenen Frauen sollte zusätzlich zyklusorientiert trainiert werden. Dazu muss im Vorfeld geklärt werden, welche Trainingsschwerpunkte für ein Training der Frauen geeignet sind. Eine Möglichkeit könnte darin bestehen, dass der Trainingsplan zuvor den am Trainingslager teilnehmenden Frauen gezeigt wird und diese dann selbst festlegen, welche Schwerpunkte an welchen Tagen gesetzt werden.

Frage 10:
Erläutern Sie möglichst genau die fünf Säulen des gesunden Laufens.

Marquardt nennt fünf Säulen des gesunden Laufens:

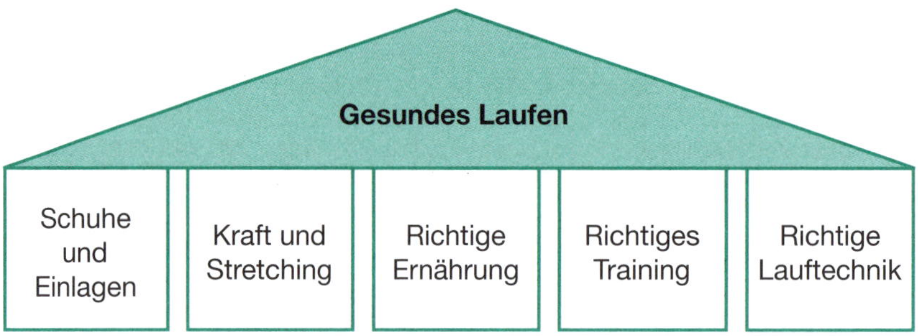

- Hat ein **Schuh** die falsche Passform oder falsche Stützelemente, stört er das gesamte System des Läufers. Es ist das wichtigste Sportgerät eines Läufers. Aber beim Kauf eines guten Laufschuhs darf man es nicht belassen, wenn man verletzungsfrei bleiben möchte.

  Verletzungsfördernd: ungeeignetes Schuhwerk, kein Wissen über geeignete Schuhe etc.

- Um als Läufer*in einen belastungsverträglichen Bewegungsapparat zu bekommen, muss man **Stretching und Krafttraining** durchführen.

  Verletzungsfördernd: kein Stretching oder Krafttraining, Läufer benötigen z.B. Kraft in den Beinen, falsch ausgeführtes Stretching oder Krafttraining; kein Wissen darüber, welche Muskeln gekräftigt und welche gestretcht werden sollten, muskuläre Dysbalancen, ...

- Eine ausgewogene, vollwertige und auf den Energieverbrauch abgestimmte **Ernährung** ist für die Gesundheit und Leistungsfähigkeit unerlässlich.

  Verletzungsfördernd: einseitige Ernährung, Fast Food, unnötige Nahrungsergänzungsmittel, Alkoholabusus, zu viel koffeinhaltige Getränke etc.

- Beim **richtigen Training** spielt der Trainer eine entscheidende Rolle. Training wird mit einem sinnvollen Wechsel von Belastung und Entlastung geplant und ist individuell an den Sportler anzupassen.

  Verletzungsfördernd: kein Wechsel von Belastung und Erholung, kein individuell auf den Läufer abgestimmter Trainingsplan, kein Trainingsplan, keine regenerationsfördernden Maßnahmen, keine oder fehlerhafte Saisonplanung, zu viele Wettkämpfe, zu intensives Training, zu viele Trainingskilometer etc.

  Weiterhin zählen dazu:

  - Geringer Trainingsumfang wird durch erhöhte Intensität kompensiert.
  - Die Wettkämpfe finden zu dicht aufeinander statt.
  - Die Trainingsintensität im GA1-Training ist zu hoch.
  - Das Lauftraining ist zu monoton: immer die gleiche Strecke, die gleichen Methoden, das gleiche Streckenprofil.
  - Die Trainingssteuerung wird nicht beherrscht.

- Richtige Lauftechnik: „Laufen kann jeder“, sollte man denken; aber damit unterschätzt man die technischen Details, die einen gesunden Laufstil ausmachen. Man kann richtiges Laufen lernen, so wie man Skilaufen lernen kann. Dazu muss man es sich von einem Trainer/Übungsleiter oder Könner zeigen lassen; zu Beginn ist die Teilnahme an einem Lauftreff zu empfehlen.

  Verletzungsfördernd: kein oder mangelhaftes Wissen über die richtige Lauftechnik, kein Trainer/Übungsleiter für die Bewegungskorrektur; keine Übungen zur Laufkoordination, z.B. Lauf-ABC der Leichtathletik.

Frage 11:
Erläutern Sie welche Rolle die Psychologie bei Sportverletzungen spielen kann.

Eine nicht zu unterschätzende Bedeutung bei Sportverletzungen können sportpsychologische Aspekte haben. Ist ein Sportler z.B. übermotiviert, so kann dies zu einer Fehleinschätzung seiner eigenen Fähigkeiten führen. Er nimmt Belastungen auf sich, für die er körperlich nicht vorbereitet ist, wie beispielsweise einen Marathonlauf. Übermotivation kann auch dazu führen, dass man sich zu intensiv belastet und durch die dadurch früher einsetzende Ermüdung Verletzungen provoziert. Man möchte seinen Trainer*in durch übertriebenen Einsatz davon überzeugen, in der ersten Elf im Fußball aufgestellt zu werden. Beide Beispiele sind mit dafür verantwortlich, dass die Verletztenzahlen der Fußballbundesligisten in der Vorbereitungsperiode jedes Jahr extrem hoch sind.

Auch aggressives Verhalten kann dazu beitragen, die Verletzungsgefahr - die eigene oder die des Gegners – zu erhöhen. Dass zum Beispiel Handballer oder Fußballer, vor allem in solchen Spielen, in denen es „um, etwas geht" weniger rücksichtsvoll miteinander umgehen, ist häufig zu beobachten. Wer seine Spieler als Trainer dazu auffordert von Anfang an *körperlich hart zu spielen, dem Gegner die Luft zu nehmen oder körperlich stark zu verteidigen*, provoziert mit solchen Aussagen dadurch indirekt Verletzungen. Dieses aggressive Verhalten kann man nicht nur gegenüber der gegnerischen Mannschaft, sondern auch manchmal gegenüber eigenen Mannschaftskollegen*innen beobachten. Hier ist v.a. durch den Trainer aber auch Mitspieler*innen ein mäßigender Einfluss wünschenswert.

Frage 12:
Was versteht man unter einer Sportsuchtgefährdung?

Das Phänomen der **Sportsuchtgefährdung** wurde vor allem in den **Ausdauersportarten** stärker untersucht. Eine Untersuchung an 1089 Ausdauersportlern aus den Sportarten Triathlon, Laufen und Radsport erbrachte folgende Ergebnisse. Von allen Probanden wiesen ca. 50 (4,5 %) eine Sportsuchtgefährdung auf. Dabei bestand hinsichtlich des Geschlechts kein Unterschied. Dies ist jedoch nicht auf alle Sportarten/Disziplinen zu übertragen. In einer ähnlichen Studie gaben z. B. Frauen vermehrt an, Sport zu treiben, um ihr körperliches Erscheinungsbild zu verbessern, wohingegen bei Männern die Leistungserbringung und der Muskelaufbau im Vordergrund standen. Interessant war, dass vor allem jüngere Sportler deutlich höhere Gefährdungswerte aufwiesen. **Triathlon** scheint dabei ein höheres Gefährdungspotenzial zu haben als die anderen untersuchten Sportarten. Hinsichtlich der Trainingsjahre wiesen Sportler, die ihre Sportart schon länger betrieben die höchsten Gefährdungswerte auf. Weiterhin waren Ausdauersportler mit einem hohen Trainingsumfang bzw. einer höheren Trainingshäufigkeit stärker betroffen. Zahlenmäßig sind von dem Problem der Sportsucht eher nur wenige Personen betroffen. Die Gefährdung darf dennoch nicht unterschätzt werden, denn sehr häufig tritt sie in Verbindung mit **auffälligem Essverhalten** oder **Essstörungen** (**Anorexie-assoziierte Sportsucht**) auf.

Frage 13:
Welche Rolle spielt der Einsatz von Schmerzmitteln im Sport?

Die Bedeutung von Schmerzmitteln kann man daran erkennen, dass selbst der Sportausschuss des Bundestages sich zu Beginn der Jahres 2021 mit der Thematik befasste.

Um weiter Sport treiben zu können (Marktwertaspekte), greifen manche Spieler selbst zu Schmerzmitteln, häufig ohne den Arzt oder Physiotherapeuten darüber zu informieren. Ein ehemaliger Dortmunder Fußballprofi sprach von Kollegen, die Schmerzmittel wie „Smarties“ einnehmen würden. Viele Spieler tun dies auch prophylaktisch:

- 55 % der befragten Läufer des Boston-Marathons nahmen im Jahr 2002 Schmerzmittel ein.
- 86 % der befragten italienischen Fußballprofis der Liga A und B gaben 2007 an, am Spieltag Schmerzmittel zu nehmen.
- 43 % der befragten Fußballer der U20 und U17-WM gaben im Zeitraum von 2002 bis 2014 an, während des Turniers Schmerzmittel genommen zu haben.

Die Einnahme von Schmerzmitteln ist aber auch bei Breiten- und Freizeitsportlern, vor allem bei jenen mit Wettkampfteilnahme weit verbreitet. Das Problem besteht u. a. darin, dass viele Präparate rezeptfrei zu bekommen sind und ihre Wirkstoffe sich nicht auf der Dopingliste befinden. Die gesundheitlichen Gefahren von nichtsteroidalen Antiphlogistika (NSAR) sind:

- Magen-Darm-Beschwerden bis zur Entstehung von Magengeschwüren und Magen-Darm-Blutungen
- erhöhtes Risikos arterieller thrombotischer Ereignisse (z. B. akuter Herzinfarkt)
- verminderte Nierenperfusion, verschlechterte der Nierenfunktion bis hin zum akuten Nierenversagen

Neuere Untersuchungen sprechen im Hinblick auf den Heilungsprozess gegen eine längere Einnahme von Schmerzmitteln bei verletzten Sportler. Auch wenn NSAR rezeptfrei erhältlich sind, weisen diese Präparate ein erhebliches Nebenwirkungs- und Gefahrenpotenzial auf.

Das Recherchezentrum „Correctiv“ und die ARD-Dopingredaktion haben das Thema 2020 medial aufbereitet und in den Blickpunkt gerückt.

Frage 14:
Was versteht man unter der „willingness to play hurt“?

Im Spitzenfußball hat die Gesundheit eine spezifische Bedeutung. Man ist so lange gesund, wie man ohne gravierende körperliche Beeinträchtigungen trainieren oder Wettkämpfe bestreiten kann. Im Spitzensport werden Sportverletzungen häufig bagatellisiert oder sogar ignoriert. Oft wird viel zu spät ärztliche Hilfe in Anspruch genommen und es erfolgt ein zum Teil massiver Einsatz von Schmerzmitteln. Das Ziel ist, möglichst schnell, aber eigentlich viel zu früh in das

Training oder den Wettkampf zurückzukehren, was **Verletzungsserien** nach sich ziehen kann. Diese Verhaltensweisen finden sich auch schon im Jugendalter.

Dieses Verhalten wird im Leistungssport erwartet, zum Teil sogar regelrecht glorifiziert und als **„culture of risk“** bezeichnet. Die damit einhergehende Inkaufnahme gesundheitlicher Folgeschäden zugunsten des Sports lässt sich auch in niedrigen Leistungsklassen beobachten. Spitzensportler, Trainer und Betreuer leben in einer Kultur des Risikos, die sich am deutlichsten im **„playing hurt“**, der Teilnahme am Wettkampf oder Training trotz vorliegender Schmerzen, Verletzungen oder/und Krankheiten zeigt. Einer Studie zufolge lernen z. B. Jungprofis im englischen Fußball schnell, dass man trotz Schmerzen „die Zähne zusammenbeißen und trotz Verletzung alles für das Team zu geben hat“, sie sollen in einem Spiel die „Verletzung herauslaufen“. Zudem wird von Spielern im englischen Fußball erwartet, dass sie nach einem Foul möglichst sofort aufstehen und weiterspielen, Liegenbleiben gilt als „unsportlich“. Wer dennoch nicht spielen will, läuft Gefahr, vom Club als nutzlos betrachtet zu werden und vom Trainer ignoriert zu werden.

In der Fußballbundesligasaison 2019/2020 hat die Berufsgenossenschaft im Durchschnitt 50,4 Verletzungen pro 1000 Stunden Wettkampf errechnet. In der Saison 2020/2021 lag z. B. der Wert beim VfB Stuttgart (1. Bundesliga) 8 Spieltage vor Saisonende bei 24,6 Verletzungen.

Die Rolle des medizinischen Personals vor allem im Profifußball kann als schwierig bezeichnet werden. In manchen Fußballprofivereinen werden die medizinischen Abteilungen und ihr Personal abschätzig auch als „Reparaturabteilungen“ bezeichnet. Es soll auf der einen Seite für eine schnelle Genesung der Spieler sorgen, auf der anderen Seite möglichst „stillschweigend“ das **„playing hurt“** akzeptieren. Auf diesen Deal gehen bei weitem nicht alle Ärzte oder Physiotherapeuten ein. Kehren aber die Spieler für den Club oder Trainer nicht schnell genug in das Training oder den Wettkampf zurück, werden sie unter Umständen vom Trainer, Manager oder auch Spielerberater (Marktwert **seines** Spielers) dafür kritisiert. Wenn Ärzte oder Physiotherapeuten fest bei einem Verein angestellt sind, wird sowohl bei **„playing hurt decisions“** als auch bei **„return to play decisions“** Druck auf sie ausgeübt. Manche Spieler werden gegen den Rat der Ärzte zur Anwesenheit im Training gezwungen.

Wenig hilfreich erscheinen in diesem Zusammenhang auch Entscheidungen im Frühjahr 2021 im internationalen Fußball die Anzahl der Champions-League-Teilnehmer von 32 auf 36 zu erhöhen. Durch die gestiegene Anzahl an Mannschaften und durch einen geänderten Spielmodus gibt es künftig anstatt 125 insgesamt 225 Spiele. Die Belastung der Spieler nimmt nochmals stark zu, Regenerationszeiten und -möglichkeiten werden weiter stark eingeschränkt. Eine Aufblähung haben in den letzten Jahren auch Fußball-WM oder -EM erfahren. Die Teilnehmerzahl der Fußball-EM 2021 wurde im Vergleich zur letzten EM von 16 auf 24 Teams aufgestockt, die der Fußball-WM wird 2022 von 32 Teams auf sage und schreibe 48 Teams im Jahr 2026 vergrößert. Die Belastungssteuerung wird dadurch weiter erschwert und das Verletzungsrisiko der Spieler wird deutlich erhöht.

Doping

15

Frage 1:
Erläutern Sie, welche Folgen Doping für einen betroffenen Sportler haben kann. Beschreiben Sie dies bitte möglichst genau.

Die Folgen können sportlich, gesundheitlich, rechtlich, sozial und finanziell sein.

- **Gesundheitliche Folgen**: Dopingsubstanzen wie Anabolika erhöhen das Herzinfarkt- und Krebsrisiko. Was die dopenden Sportler zu Beginn nicht wissen, ist, dass um die Wirksamkeit zu erhalten, im Laufe der Zeit immer höhere Dosen notwendig sind. Bei Frauen kann es zur Vermännlichung kommen (z.B. Bartwuchs und tiefe Stimme). Das Wachstumshormon HGH kann zu Entstellungen im Gesicht führen.
- **Finanzielle Folgen**: Wer beim Doping erwischt wird, kann auch massive finanzielle Einbußen erleiden. Preis – und Sponsorengelder können – z.T. auch rückwirkend - zurückgefordert werden. Die Zahlungen der Deutschen Sporthilfe können zurückgefordert werden.
- **Sportliche Folgen**: Ein positiver Dopingtest kann die sportliche Karriere beenden oder zu einer Unterbrechung führen, nach der der Anschluss an die sportliche Konkurrenz nicht mehr gelingt. Dadurch kann die Lebensplanung stark leiden, da das Leben von Profis sich normalerweise komplett um den Sport dreht. Er ist der Mittelpunkt des Lebens der dann plötzlich fehlt.
- **Soziale Folgen**: Das eigene Image kann durch eine Sperre massiv geschädigt werden. Sponsoren gehen dadurch u.U. auf Abstand. Auch das Image der Sportart nimmt dadurch Schaden. Die Fans und Zuschauer fühlen sich betrogen. Auch der Freundes- und Bekanntenkreis kann davon betroffen sein. Insgesamt verliert der Sport dadurch an Ansehen und das Image in der Öffentlichkeit leidet (soziale Isolation).
- **Rechtliche Folgen**: Seit dem 01.01.2016 gilt in Deutschland das neue Antidopinggesetz. Es sieht vor, dass ein Sportler wegen Dopings auch strafrechtlich verfolgt werden kann. Man kann zu einer Geldstrafe oder Freiheitsstrafe verurteilt werden.

Frage 2:
Beschreiben Sie, was sich seit dem 01.01.2016 an der rechtlichen Situation im Doping verändert hat. Wer ist in Deutschland für Dopingkontrollen zuständig, wer im internationalen Sport?

International ist die World Anti Doping Agency (WADA) verantwortlich. Sie hat dazu ein Regelwerk aufgestellt, welches auf der ganzen Welt verpflichtend gilt und einen fairen und gerechten Sport garantieren soll. Sie koordiniert den Anti-Doping-Kampf auf internationaler Ebene. Das Pendant auf nationaler Ebene ist die NADA (Nationale Anti Doping Agentur) mit Sitz in Bonn. Sie ist für die Dopingbekämpfung in Deutschland zuständig. Ihre Ressorts sind: Recht, Medizin, Prävention und das Doping-Kontrollsystem.

Der **CAS (Court of Arbitration for Sport)** mit Sitz in Lausanne – auch **Internationaler Sportgerichtshof** genannt – ist eine Einrichtung, welche im internationalen Sportrecht eine Entscheidungsinstanz darstellt. Zu ihren Aufgaben gehören u.a. Klärung von Disziplinarfragen (Regelverstöße), Verfahrensfragen bei Spielertransfers, Dopingfragen und sportbezogene Vertragsfragen (Sponsoring, TV-Rechte), (vgl. www.wikipedia.de).

Frage 3:
Erklären Sie, ob Doping lediglich eine Erscheinung der letzten 50 Jahre ist oder eine Erscheinung des modernen Leistungssports. Wie hat sich Doping geschichtlich entwickelt?

Geschichtlich gesehen gibt es Doping wahrscheinlich schon so lange wie es den Sport gibt. Es fing bereits bei den Gladiatoren ca. 600 Jahre vor Christi Geburt an. Vermutlich ging es in der vorchristlichen Zeit in dieser Art und Weise weiter. Bezeichnend war, dass sehr lange darin ethisch-moralisch nichts Anrüchiges oder Verwerfliches gesehen wurde. Auch bei Olympischen Spielen zu Beginn des 20. Jahrhunderts sah man in der Einnahme aufputschender oder leistungssteigernder Substanzen nichts Verbotenes. Erst nach dem ersten Weltkrieg änderte sich dies. Bereits 1928 nahm der internationale Leichtathletikverband Dopingbestimmungen in sein Regelwerk auf.

Auch im Breiten- und Freizeitsport greift man im Prinzip schon seit Jahren zu Dopingmitteln. Es gibt schon längere Zeit Hinweise, dass im Breitensport Doping eine nicht zu unterschätzende Rolle spielt. In Umfragen gaben zwischen 10 und 20 % der Mitglieder von Fitnessstudios an, bereits einmal Dopingmittel verwendet zu haben. Zu einer Dreiviertelmillion Männer kamen ca. 300000 Frauen hinzu. Dabei dürfte die Dunkelziffer wesentlich höher liegen. Im Bodybuildingbereich ist die Wahrscheinlichkeit groß, dass zusätzlich verbotene leistungssteigernde Präparate von den Sportlern eingenommen werden. Hier lag die Quote zwischen 20 und 62 %. Zum Doping in Freizeitwettkämpfen im Triathlon, Radsport oder Laufbereich liegen so gut wie keine Daten vor, da dort nicht auf Doping getestet wird. Dass die Versuchung hier groß ist, liegt auf der Hand.

Frage 4:
Beschreiben Sie die gesundheitlichen Nebenwirkungen der bekanntesten Dopingmittel.

Dopingmittel	Nebenwirkungen
Erythropoetin (EPO)	**Wirkungen**: dient zur vermehrten Bildung von roten Blutkörperchen, was die Sauerstoffaufnahme verbessert und dadurch die Leistung anhebt (vor allem in den Ausdauersportarten und -disziplinen) **Nebenwirkungen**: EPO führt zu einer Verdickung des Blutes, worunter die Fließeigenschaften leiden. Es kann zu Embolien, Thrombosen, Herzinfarkten und Schlaganfällen führen.
Anabolika	Anabolika werden am häufigsten bei Dopingkontrollen gefunden. **Wirkungen**: verstärkter Muskelaufbau, bessere Regeneration **Nebenwirkungen**: schwere Herz- und Leberschäden, Brustvergrößerung bei Männern, Vermännlichung bei Frauen, vorzeitiger Wachstumsstopp bei Kindern, Akne bei Erwachsenen
Asthmamittel	**Wirkungen**: erhöhte Herzfrequenz, Leistungssteigerung im Ausdauerbereich, bei hoher Konzentration auch Muskelaufbau **Nebenwirkungen**: Herzschäden, erhöhter Blutdruck, Erhöhung des Blutzuckers, Muskelzittern
Stimulanzien	**Wirkungen**: anregende, stimulierende Wirkung, erhöhte Sauerstoffaufnahme **Nebenwirkungen**: erhöhter Blutdruck, Herzrhythmusstörungen, Unterdrückung von Ermüdungsgefühlen, was bis zur totalen Erschöpfung führen kann

Frage 5:
Welche Testpools gibt es? Wird nur im Wettkampf getestet?

Dopingkontrollen finden nicht nur im Wettkampf, sondern auch im Training statt. Es gibt je nach Gefährdung eine Einteilung in 3 Testpools in Deutschland:

Registered Testing Pool (RTP): ca. 600 Athleten, A-Kaderathleten des Bundes aus Sportarten der Risikogruppe A (mit hohem Dopingrisiko) sowie Athleten des vom internationalen Verband festgelegten International Registered Testing Pool

National Testing Pool (NTP): ca. 1400 Athleten, A-Kaderathleten des Bundes aus Sportarten der Risikogruppen B und C (mit einem geringen bis mittleren Dopingrisiko)

Allgemeiner Testpool (ATP): ca. 5000 Athleten, alle weiteren Kader-Athleten, das bedeutet aus dem B- und C-Kader und D/C-Kader

Frage 6:
Bilden Sie zwei Gruppen in Ihrem Sportkurs. Die eine Gruppe versucht Argumente für die Dopingfreigabe zu finden, die andere für das Dopingverbot. Führen Sie einen Diskurs.

Eine Dopingfreigabe würde bedeuten, dass man auf die zentralen Kernbestandteile der traditionellen Sportmoral verzichten würde. Man würde damit den Standpunkt aufgeben, dass das Doping etwas dem Sport moralisch Wesensfremdes sei. Die Konsequenz davon wäre, dass man das Doping nicht länger als ein zu bekämpfendes und zu beseitigendes Problem, sondern als ein hinzunehmender Tatbestand einstufen würde. Das Hauptargument der Befürworter der Dopingfreigabe lautet eigentlich nie, dass Doping etwas Gutes oder gar zu Förderndes sei. Sie sehen es eher so, dass sie die Realität so akzeptieren wie sie ist und behaupten, dass man Doping nicht verhindern könne. Die Forderung nach der Dopingfreigabe geht davon aus, dass eine effektive Dopingbekämpfung personell, logistisch und finanziell zu aufwendig sei. Aufwand (Dopingkontrollen) und Ertrag (erwischte Doper) stünden in keinem Verhältnis zueinander. Zum Beispiel führte die NADA im Jahr 2010 in Deutschland insgesamt 8108 Trainings- und Wettkampfkontrollen durch, wobei bei 66 Verstößen festgestellt wurden, was einer Quote von ca. 0,8 % entspricht.

Über die Jahre konnte man feststellen, dass der ständig wachsende strukturelle Erfolgsdruck eine wesentliche Ursache für das Doping darstellt. Die Athleten selbst sehen in den Antidopingmaßnahmen eine starke Einschränkung ihrer Bewegungsfreiheit sowie einen starken Eingriff in ihre Persönlichkeitsrechte. Sie beklagen sich auch, dass manche Normen für die Qualifikation zu internationalen Meisterschaften von den Spitzenfachverbänden so hoch angesetzt werden, dass es fast unmöglich ist, diese ohne Doping zu erreichen. Eine steigende Wettkampfdichte, die das Verletzungsrisiko erhöht und die Rekonvaleszenzzeit oder Regenerationszeit drastisch verkürzt kommt erschwerend hinzu.

Die Einstellung und Haltung der Medien zum Thema Doping ist ambivalent. Zum Beispiel wird ein schlechtes Abschneiden deutscher Athleten sofort heftig kritisiert, gleichzeitig sind es aber auch genau diese Medien, die den moralischen Zeigefinger erheben und das Doping und die Doper kritisieren. In den 90er Jahren des letzten Jahrtausends kostete einem Präsidenten eines Spitzenfachverbandes (hauptberuflich Richter!) seine begründete Forderung nach Dopingfreigabe seinen Posten. Er sprach sich für die Dopingfreigabe unter medizinischer Aufsicht aus, aber nicht für Doping von Kindern und Heranwachsenden. Damit wurde von seinen Widersachern argumentiert, würde man sich quasi öffentlich zum Doping bekennen. Das Doping unter medizinischer Aufsicht sei weniger gesundheitsgefährdend als ein individuelles Herumexperimentieren der Sportler*innen im Verborgenen, begründete er unter anderem. Auch die Variante eines Medikamentenpasses wurde damals schon erwogen, was aber zu dieser Zeit eine begrenzte Dopingfreigabe bedeutet hätte. Dieses Modell konnte sich ebenfalls nicht durchsetzen.

Durch die Dopingfreigabe käme es zu einem Tabubruch mit problematischen Folgen. Das Zuschauerinteresse könnte sich weg vom Athleten hin zu weiteren Bedingungen verschieben, die ebenfalls am Erfolg mitbeteiligt waren, wie etwa medizinische Betreuer, gute Trainingsbedingungen, fürsorgliche Vereins- oder Verbandsfunktionäre, finanzielle Unterstützung und Absicherung sowie weitere Akteure im Unterstützungsumfeld. Auch der sportwissenschaftlichen Optimierung würde ein Beitrag am Erfolg zugeschrieben. Bei der Dopingfreigabe würde der Erfolg des Sportlers weit mehr als bisher als eine von Ärzten hervorgebrachte Leistung gesehen werden. Der Athlet wäre nur noch eine ausführende Instanz seiner Ärzte. Der Sportler würde dadurch an Ansehen einbüßen.

Schon jetzt sind viele Sportmediziner in Dopingaktivitäten involviert. Probleme würde die Freigabe für Ärzte in der Art mit sich bringen, dass ihre medizinische Standesethik und die darauf beruhenden rechtlichen Regelungen davon betroffen wären. Das Dopingverbot ist für Ärzte, welche den Schutz und die Wiederherstellung der Gesundheit der Sportler zum Ziel haben, im Hinblick auf ihre Standesethik automatisch vereinbar, eine Dopingfreigabe hingegen nicht. Es ginge nicht mehr darum, Kranke zu heilen, sondern gesunde Menschen für die Verbesserung ihrer körperlichen Leistungsfähigkeit erheblichen Gesundheitsgefährdungen auszusetzen. Wenn die Freigabe eine große Anzahl an Medizinern zu einer (verständlichen) Verweigerungshaltung bringen würde, könnte dies eine problematische Entwicklung für den Sportler und damit den Sport zur Folge haben.

Bei einer Freigabe würden die Sportler schnell zu einem Experimentierfeld für Doper werden. Der strukturelle Druck auf die Sportler durch ihr Umfeld würde extrem zunehmen. Eine Karriere als Profisportler anzustreben würde bedeuten, sich einen gesundheitlich sehr riskanten Beruf herauszusuchen. Das mag so manchen Sportler davon abhalten, diesen Weg einzuschlagen. Eine Folge davon könnten Rekrutierungsprobleme für den Nachwuchs im Sport bedeuten. Eltern könnten frühzeitig versuchen zu verhindern, dass die Kinder sich für diesen Weg entscheiden, unter Umständen sogar sie vom Sport komplett fernhalten. Es geht hier um die elterliche Fürsorgepflicht.

Die Sportverbände befinden sich ebenfalls in einer schwierigen Position. Durch herausragende Platzierungen und Leistungen ihrer Sportler möchten sie Sponsoren und Geldgeber akquirieren sowie sich die Unterstützung vom Staat (Bundespolizei, Bundeswehr, Grenzschutz etc.), den Ländern und Gemeinden sichern. Gleichzeitig müssen sie Doping hinnehmen bzw. stillschweigend „dulden", da sonst u.U. internationale Spitzenplatzierungen, von denen die Mittelvergabe abhängt, nicht erreicht werden könnten. Schließlich wurde auch gemutmaßt, dass bestimmte hohe Spitzenfunktionäre des Radsports von positiven Dopingproben des Radstars *Lance Armstrong* wussten, diese jedoch nicht veröffentlichten, da dies fatale Folgen für den Radsport gehabt hätte, was ja schlussendlich nach dessen Dopinggeständnissen auch der Fall war. Zudem könnten internationale Großereignisse wie Weltmeisterschaften oder Olympische Spiele Schwierigkeiten mit der Finanzierung bekommen, was sogar existenzbedrohende Formen annehmen könnte. Es könnte eine sportliche Parallelwelt entstehen, mit Meisterschaften für Gedopte und Meisterschaften für Ungedopte.

Die Dopingfreigabe wäre insgesamt gesehen mit einer hohen Unsicherheit behaftet. Die Sportverbände würden ein hohes Risiko eingehen, Medien könnten sich zurückziehen (so schon einmal geschehen bei der Tour de France), Sponsoren sich abwenden und Ärzte ihre Mitarbeit verweigern resp. aufkündigen. Auch die staatliche Unterstützung könnte eingestellt werden, ein wichtiges Standbein des Leistungssports in Deutschland. Fatal wären auf jeden Fall die zu erwartenden Nachwuchsprobleme. Ehrenamtlich Tätige, ein weiteres wichtiges Merkmal des deutschen Sports, könnten sich abwenden, mit negativen Folgen für das wichtige Vereinswesen, ohne dass es Sport in Deutschland nicht in dieser Form wie wir ihn momentan erleben, geben könnte bzw. würde.

Frage 7:
Was versteht man im Zusammenhang mit Doping unter der „Operation Aderlass?“

Unter der Bezeichnung „**Operation Aderlass**“ wurde ein Dopingskandal im Jahr 2019 bei den Nordischen Skiweltmeisterschaften bekannt. Die staatsanwaltlichen Ermittlungen wurden durch die Aussage des früheren österreichischen Langläufers *Johannes Dürr* ausgelöst. Gegen insgesamt 50 Personen, Sportler, Ärzte, Betreuer und Helfer richteten sich die Ermittlungen, die am 27. Februar 2019 zu Razzien führten. Der Hauptangeklagte deutsche Arzt Dr. *M. Schmidt* wurde im Januar 2021 zu einer Haftstrafe von 4 Jahren und 10 Monaten verurteilt. Das Landgericht München II befand den Sportmediziner in 24 Fällen der Anwendung von verbotenen Dopingmethoden und in zwei Fällen des unerlaubten Inverkehrbringens von Arzneimitteln für schuldig. Gleichzeitig erhielt der Arzt 3 Jahre Berufsverbot und eine Geldstrafe von 158 000 Euro.

Frage 8:
Erläutern Sie externe und interne Gründe für Doping. Wie kann es zu einer Dopingmentalität bei Sportlern kommen?

Nach sportpsychologischer Auffassung wird Doping in sozialen Prozessen gelernt. Die Versuchung wird besonders relevant, wenn begünstigende Gelegenheitsstrukturen dafür gegeben sind (z. B. verschreibungsfreundliche Ärzte, leicht erreichbare und zugängliche Schwarzmarktstrukturen, „hilfsbereite“ Personen im Umfeld des Sportlers). Diesen Sachverhalt hat Jan Ullrich in seinem Interview am 8. Juni 2024 im ZDF-Sportstudio bestätigt.

Entscheidend für eine **Dopingmentalität** eines Sportlers wäre ein direktes Umfeld, das sich ablehnend oder begünstigend verhält, je nachdem, ob Doping erwartet und belohnt oder bestraft wird. Das operante Konditionieren spielt dabei eine große Rolle. Der Sportler kann seine eigenen Regeln nur schützen, wenn eine deutliche soziale Kontrolle durch positive und negative Sanktionen stattfindet. „Die Gruppe kontrolliert ihre Mitglieder, indem sie diesen Belohnungen bereitstellt, mit deren Entzug sie dann auch drohen kann.“ Die Autoren *Singler* und *Treutlein* schlussfolgern daraus, dass sich nur auf dieser Grundlage Selbstkontrolle und das Respektieren der eigenen Grenzen entwickeln, letztendlich auch der mündige Umgang mit dem Leistungssport. Man geht weiterhin in der soziologischen Betrachtung des Dopingproblems davon aus, dass die sozialen Bedingungen des Spitzensports dieses deviante Verhalten mehr oder weniger stark beeinflussen.

Frage 9:
Erläutern Sie, wie Sportler durch das Coping biografischer Risiken gefährdet sind.

Der Leistungsdruck bewirkt eine Totalisierung der Sportlerrolle. Das gesamte Leben wird vom Leistungssportler auf den Sport konzentriert, davon sind alle Lebensbereiche mehr oder weniger stark betroffen. Der Körper ist „das Kapital“ des Profisportlers, entsprechend wird alles unternommen, um diesen leistungsbezogen zu perfektionieren. Schon im Schul- und Jugendalter wird das Leben eines zukünftigen Leistungssportlers daraufhin ausgerichtet. Ohne Eltern, die zum Beginn der Leistungssportlerlaufbahn zum Teil über viele Jahre erhebliche Anstrengungen (Investitionen) unternehmen (Fahrten zum täglichen Training, Fahrten zu Kaderlehrgängen, sportgerechte Ernährung) sind solche „Karrieren“ nicht denkbar. Für die Sportler entsteht eine sog. Hochkostensituation. Leistungssportler ist man an 7 Tagen in der Woche und das 24 Stunden lang, weshalb man auch von einer Hyperinklusion in das Spitzensportsystem spricht. Alles im Leben dreht sich nur noch um den Sport. Der Sportler gerät in eine „biografische Falle“, aus der es kaum ein Entrinnen gibt. Einfach von heute auf morgen aufzuhören ist nicht so einfach, wie man sich dies vorstellen mag; die Verluste wiegen schwer (kein Öffentlichkeitsinteresse mehr, Sozialbeziehungen brechen weg, Sinngebung des Lebens verschwindet). Sehr häufig haben Sportler keine Alternativexistenzen zu ihrer Spitzensportkarriere aufgebaut und hoffen nach Karriereende *irgendwie/irgendwo* im „System Sport“ unterzukommen.

Der Sportler befindet sich in einer Hochrisikosituation, in der Doping eingesetzt wird, um das Scheitern der Karriere zu verhindern und die Unsicherheit der Zukunft zu minimieren. Doping wird damit zu einer Art **Copingstrategie** (**Bewältigungsstrategie**), um die Nebenwirkungen einer biografischen Fixierung auf die Sportlerrolle abzumildern. Zu dieser Kategorie zählt auch der Medikamentenmissbrauch, um verletzungs- oder krankheitsbedingte Leistungseinbußen zu vermeiden oder abzuschwächen oder ökonomische Risiken zu reduzieren. Wenn man die Dopingproblematik vor diesem Hintergrund betrachtet, wird deutlich, dass sich eine zielgerichtete Dopingbekämpfung sehr schwierig gestaltet.

Frage 10:
Beschreiben Sie, was man unter der Nachteilsvermeidung durch Unterstellung des Dopings bei anderen versteht.

Von großer Bedeutung für das Doping ist für Sportler das Motiv der Nachteilsvermeidung. Um diese Situation der Spitzensportler zu simulieren kann man auf das spieltheoretische Modell des Gefangenendilemmas zurückgreifen. Ohne an dieser Stelle näher auf dieses Modell einzugehen, geht es darum, dass Entscheidungssituationen sich dadurch charakterisieren lassen, dass sich Verhalten von mehreren Beteiligten gegenseitig beeinflusst. Denn da Doping verdeckt angewendet wird und die Tatsache, dass jemand nicht des Dopings überführt wurde nicht automatisch bedeutet, dass er „sauber“ ist, kann ein Sportler seinem Gegner nicht 100%tig vertrauen. Ein Sportler muss also immer die Möglichkeit einkalkulieren, dass sein Gegner dopt, auch wenn er selbst das nicht tut. Wenn dies der fall ist, dann hat der nicht dopende „cleane“ Athlet automatisch den geringsten Nutzen (nämlich zu verlieren mit allen Folgen und Folgesfolgen)., während sein sich dopender Konkurrent den höchsten Nutzen hat. Wenn sich beide fürs Dopen entscheiden dann hat jeder aus seiner Perspektive heraus betrachtet wenigstens den durch das Dopen seines

Gegners bedingten Nachteil ausgeglichen. Diese Umstände können für manchen Sportler, der eigentlich von seiner Einstellung her gesehen gegen das Dopen ist, Grund genug sein, selbst zu dopen. Hierzu genügt bereits die Vermutung, dass sich die Konkurrenz dopt. Da sich nicht nur der Sportler selbst, sondern auch die Personen in seinem relevanten Umfeld in diesem Dilemma befinden, wird Doping-Prävention auch hier zu einem schwierigen Unterfangen. *Jan Ullrich* hat in seinem Interview am 8. Juni 2024 im Aktuellen Sportstudio davon gesprochen, dass diese Gesichtspunkte für sein Verhalten mitverantwortlich waren.

Frage 11:
Erläutern Sie Möglichkeiten bzw. präventive Maßnahmen gegen Doping im Sport.

Wenn beim Entwicklungsprozess junger Sportler das Interesse an Rekorden und Medaillen sowie die Verdienstmöglichkeiten (man spricht dann von **Sach- und Produktorientierung**) über dem Wohl der Sportler*innen stehen, und Grenzen nicht akzeptiert werden, wie natürliche Leistungsvoraussetzungen und Regeln, sind Gefahren vorprogrammiert. *Singer* und *Treutlein* und halten folgende Schritte für notwendig:

- **Informieren**: vor allem Wirkungen/Nebenwirkungen von Mitteln und Methoden des Dopings
- **Reflektieren**: kurz- und langfristige Vor- und Nachteile, Sinn des Sporttreibens
- **Argumentieren**: Wie reagiere ich auf Menschen, die mir Manipulation/Doping empfehlen?
- **Mental stärken**: Zufriedenheit mit seinen Grenzen/mit sich selbst lernen
- **Entscheiden**: Jeder hat zumindest in gewissem Umfang Entscheidungsfreiheit.
- **Verantworten**: Ich muss die Folgen und Auswirkungen meiner Entscheidungen selbst tragen und verantworten.

Literatur- und Dokutipps zum Thema Doping:
Seppelt: Feinde des Sports. Ullstein, Berlin 2019.
Matschiner: Grenzwertig. Riva-Sportverlag, München 2011.
Generell sehenswert sind die Rechercheberichte der ARD-Dopingredaktion unter Leitung von *Hajo Seppelt*: www.sportschau.de/doping

Frage 12:
Recherchieren Sie im Internet zu dem Dopingfall der BALCO-Affäre (2002). Problematisieren Sie diese Affäre in Ihrem Sportkurs.

Die **BALCO-Affäre** war ein 2002 von den Journalisten *Fainaru-Wada* und *Williams* aufgedeckter Dopingskandal um das amerikanische Unternehmen *Bay Area Laboratory Co-Operative* (BALCO). BALCO-Gründer und Inhaber Victor Conte, BALCO-Vizepräsident James Valente, der

Trainer *Greg Anderson* und der Sprint-Trainer *Remi Korchemny* hatten über mehrere Jahre hochkarätige amerikanische und europäische Sportstars mit Designersteroiden wie etwa THG und Wachstumshormonen versorgt.

BALCO war ein 1984 gegründetes Unternehmen mit Firmensitz in Burlingame, Kalifornien, war im Dienstleistungsbereich für Blut- und Urinanalyse tätig und handelte mit Nahrungsergänzungsmitteln. Victor Conte bot 1988 einer Gruppe von Sportlern, genannt die *BALCO Olympians*, kostenlose Blut- und Urinproben sowie Nahrungsergänzungsmittel an und begleitete die Sportler während der Olympischen Sommerspiele in Seoul. Ab 1996 arbeitete Conte mit dem bekannten amerikanischen Footballstar *Bill Romanowski* zusammen, über den er weitere Kontakte zu Athleten und Trainern wie dem Sprint-Coach *Remi Korchemny* knüpfen konnte. *Conte* und *Korchemny* gründeten wenig später für Marketingzwecke den ZMA Track Club, einen Verein, dem auch die Sprinterin *Marion Jones* und der Sprinter *Tim Montgomery* angehörten. Im Jahr 2000 nahm *Conte* über den in einem nahegelegenen Fitness-Studio arbeitenden Trainer *Greg Anderson* Kontakt mit dem bekannten US-Baseball-Star *Barry Bonds* auf. Über *Bonds* wurde der Kontakt zu anderen Baseballspielern hergestellt. Die Staatsanwaltschaft nahm daraufhin Ermittlungen gegen zahlreiche bekannte Sportler und Trainer auf. Die Prozesse zogen sich über mehrere Jahre hinweg (vgl. www.wikipedia.de, Zugriff 07.5.2024).

Add-on: Die Akte China – chinesische Schwimmer unter Dopingverdacht (2024)

Die *ARD-Dopingredaktion* und die *New York Times* stellten bei gemeinsamen Recherchen fest, dass für insgesamt 23 chinesische Spitzenschwimmer im Jahr 2021 positive Dopingproben folgenlos blieben, weil die WADA nicht handelte. Drei der vom Dopingverdacht betroffene Schwimmer*innen wurden nach dem möglichen Vertuschungsfall in Tokio 2021 bei den Olympischen Spielen sogar Olympiasieger (Insgesamt dreimal Gold und zweimal Silber). Es geht dabei um dubiose Vorgänge rund um einen nationalen Wettkampf in China Anfang des Jahres 2021, bei dem durch eine mögliche Vertuschungsaktion die Welt-Anti-Doping-Agentur (WADA) schweigend zuschaute. Gefunden wurde bei den chinesischen Athletinnen und Athleten das verbotene Herzmittel *Trimetazidin*, das auch der russischen Eiskunstläuferin *Kamila Walijewa* zum Verhängnis geworden war, welche daraufhin für vier Jahre gesperrt wurde (Quelle: www.ardmediathek.de, Zugriff: 16.5.2024).

Die WADA wird im Hinblick auf eine ihrer Hauptaufgaben, nämlich der Chance auf fairen Wettkampf für alle Athletinnen und Athleten, in den letzten Jahren immer kritischer gesehen. Vor allem die USA beschäftigen sich mit dem Gedanken, die Struktur der Organisation grundlegend zu verändern. Die USA zahlen jährlich als größter Geldgeber ca. 3 Millionen Euro, Deutschland ca. 1,2 Millionen.

Das Gesamtbudget der NADA in Deutschland beläuft sich 2024 auf ca. 12,6 Millionen Euro, wovon ca. Dreiviertel aus Bundesmitteln kommen. Im Jahr 2023 ermittelte die NADA nach eigenen Berichten in 98 Fällen wegen möglicher Dopingverstöße, (gegenüber 79 im Jahr 2022), in 24 Fällen kam es zu Sanktionen. Neun Verfahren wurden vor dem Deutschen Sportschiedsgericht

(Dis) geführt, vier vor dem Internationalen Schiedsgericht (Cas, vgl. Südwestpresse, 5. Juni 2024, *sid* Berlin).

Aufgabe: Recherchieren Sie zu diesem Fall in Ihrem Sportkurs und diskutieren Sie das Verhalten der WADA in diesem Zusammenhang.

Soziologie

16

Frage 1:
Erklären Sie, wie sich der Sportmarkt heute aufgliedert und was man unter dem „Magischen Dreieck" versteht. Erläutern Sie, welche Bedeutung ihm im Sport zukommt und belegen Sie dies anhand von Beispielen.

Der sportliche Erfolg führt nicht automatisch zu wirtschaftlichem Erfolg, was jedoch bei reinen Wirtschaftsunternehmen der Fall ist. Der Sport ist Mittel zum Zweck. Medial bedeutsame Sportarten wie Golf, Fußball, American Football, National Basketball-League (USA), Formel 1, Eishockey oder Handball werden als Plattformen für nichtsportliche, wirtschaftliche Geschäfte benutzt. Der Sport fungiert als Werbeplattform und Netzwerk für globale Wirtschaftsaktivitäten, als nationale Repräsentation wirtschaftlicher Stärke sowie als Symbol technischer Leistungsfähigkeit. Sport, Wirtschaft und Medien sind zu einem „Magischen Dreieck" geworden.

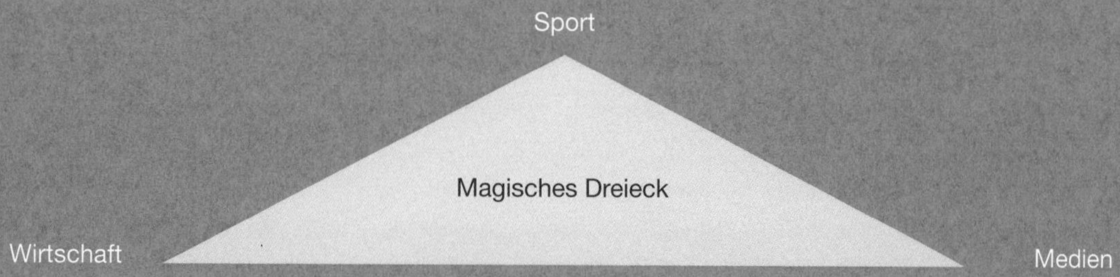

Der Sport „produziert" als Ware seine sportliche Leistung, die auf dem Unterhaltungsmarkt von den Medien angeboten wird und dadurch Geld einbringt. Der Sport ist ein einzigartiges System, das eine „eigene Ökonomik" rechtfertigt: die Ware Sport.

Frage 2:
Zu Beginn des Jahres 2024 kam es im Fußball zu heftigen (aber friedlichen) Fanprotesten, weil die DFL mit ihren 36 Profiklubs beschlossen hatte, einen Investor für die Vermarktung v.a. auf dem internationalen Markt zu engagieren. Manche Spiele standen kurz vor dem Spielabbruch, da Gegenstände (v.a. Tennisbälle) auf das Spielfeld geworfen wurden. Schließlich gab die DFL nach und verzichtete auf einen Investor, der der DFL auf 20 Jahre gesehen 1 Milliarde Euro versprochen hatte.

- Die Fanszene argumentierte, der Fußball „gehöre" den Vereinen und Fans, man wolle keine „englischen Verhältnisse" (Vereine im Besitz von finanzstarken Unternehmen/ Unternehmern, überwiegend nicht britischer Herkunft).
- Kritiker der Entscheidung entgegneten, der Fußball würde sich künftig erpressbar machen und die englischen Vereine aufgrund ihrer Finanzstärke künftig den Markt an Spielern „leerkaufen".
- Erörtern und diskutieren Sie in Ihrem Sportkurs diese Problematik. Suchen Sie dazu jeweils Pro- und Kontraargumente.

Individuelle Schülerlösung

Frage 3:
Erläutern Sie, welche Rechte heute Vereine oder Verbände im Sponsoring verkaufen können. Suchen Sie dazu Beispiele.

Folgende Rechte können im Sportsponsoring verkauft werden:

- **Werberechte** – Trikot, Sportgeräte, Programmhefte, Eintrittskarten, Bandenwerbung
- **Ausrüster- und Servicerechte** – Wettkampfkleidung, Trainingskleidung, Einspielkleidung, Messeeinrichtungen, Nahrungsmittel, Transportmittel
- **Teilnahmerechte** – Eintrittskarte, Vergabe von Frei- und Ehrenkarten, Raumdifferenzierung (VIP-Logen), Bewirtungsräume, Parkplätze, Ehrengasträume
- **Lizenzrechte** – Möglichkeit Namen, Embleme, Maskottchen für werbliche Zwecke, für Produktnamen etc. zu nutzen
- **Verwertungsrechte** – Möglichkeit Fernsehübertragungen oder Videoaufnahmen zu machen, wobei insbesondere der Verkauf von Übertragungsrechten zu einer der wichtigsten Einnahmequellen für größere Sportereignisse geworden ist.
- **Verkaufs- und Bewirtschaftungsrechte** – Dies ist die Möglichkeit im Stadion, der Sporthalle oder dem Veranstaltungsgelände Produkte zu verkaufen (Sportgeräte, Sportkleidung, Literatur, Sportausrüstung...) bzw. die Bewirtschaftung mit Getränken und Nahrungsmitteln zu übernehmen.

- **Identifikationsrechte** – beinhalten zum einen eine exklusive Verbindung eines Veranstaltungstitels mit einem Produktnamen, zum anderen die Verbindung bekannter Sportler oder Mannschaften mit einzelnen Produkten oder Firmen
- **Förderprädikate** – bieten zum einen das Recht, die Bezeichnung „Förderer von..." für einzelne Produkte oder Produktgruppen verwenden zu können oder gezielt sportliche Projekte zu unterstützen, z. B. Talentförderung (vgl. *Heinemann, K.* Sponsoring, in: Sportwissenschaftliches Lexikon, Hofmann-Verlag, Schorndorf, 2003).

Frage 4:
Trifft es Ihrer Meinung nach zu, dass nur der Sport von Großveranstaltungen bzw. Events profitiert? Begründen Sie Ihre Entscheidung.

Sportveranstaltungen haben sich in den letzten Jahrzehnten elementar verändert. Früher stand bei den klassischen (Vereins-)Sportveranstaltungen der Sport völlig im Vordergrund. Heutzutage inszeniert man viele Veranstaltungen zu einem **„Event"**, um das sich ein mehr oder weniger umfangreiches Rahmenprogramm etabliert hat. Man möchte damit nicht nur die Sportfans erreichen und für das Event begeistern, sondern sie auch an diesem Event teilhaben lassen. Olympische Spiele sind ein gutes Beispiel dafür, dass sie auch auf die breite Bevölkerung sowie Wirtschaft und Medien eine große Anziehungskraft ausüben. Bei den ersten Olympischen Spielen der Neuzeit in Paris 1896 gab es 9 Sportarten und 43 Wettbewerbe bei den Sommerspielen. Bei den Olympischen Sommerspielen in Peking 2008 waren es 36 Sportarten mit 306 Wettbewerben. Die Athletenzahl stieg von 2400 im Jahr 1896 (Paris) auf 11 000 Athleten im Jahr 2008 in Peking. Diese Zahlen machen das ökonomische Wachstum der Spiele deutlich. Größere Sportereignisse in Deutschland in diesem Jahrtausend waren die Fußball-WM 2006 („das Sommermärchen"), die TT-WM 2006, die Handball-WM 2007 oder die Frauenfußball-WM 2011. Die Marketingplanungen wurden z. B. im Fußball von Veranstaltung zu Veranstaltung weiterentwickelt und ausdifferenziert. Bei der Fußball-WM 1954 in der Schweiz, als die deutsche Fußballnationalmannschaft der Männer zum ersten Mal Weltmeister wurde, existierten auf Seiten der FIFA noch keinerlei Marketinggedanken.

Die Finanzströme der WM 2006 in Deutschland zeigte eine Bilanz der Bundesregierung auf:

- Der Einzelhandel konnte Mehreinnahmen von 2 Mrd € verbuchen
- Der Bund investierte 3,7 Mrd € in den Ausbau des Straßennetzes und
- Der Bund investierte weitere Mrd €uro in den Ausbau und die Modernisierung der WM-Stadien

Diese Bilanzaufstellung ist ein eindeutiges Zeichen für das hohe nationale Interesse des Staates an einer weltweiten Präsentation seiner technologischen und sportlichen Leistungen, welche gleichzeitig einen Hinweis auf die wirtschaftliche Stärke des Landes darstellen.

Frage 5:
Erläutern Sie, welche der 4 Wertdimensionen Sie in Ihrer eigenen Sportart bereits erlebt haben.

Das soziale Handeln wird im Sport nicht nur von Normen und Regeln, sondern auch von **Werten** bestimmt. Die Wettkämpfe im Sport unterliegen beispielsweise spezifischen (Be-)Wertungen. Bei einem Weltrekordversuch in den leichtathletischen Laufdisziplinen mit einem tempomachenden „Hasen" wird das Grundprinzip des Wettkampfes unterlaufen zugunsten einer Rekordjagd unter Sonderbedingungen. Man stellt diesen Rekordversuch über die Chancengleichheit. Die „Wertigkeit" eines solchen Laufes stößt bei den Sportlern daher zumindest auf ein geteiltes Echo. Werte sind die von einer Gruppe geteilten Vorstellungen über das Wünschenswerte, die sich in Entscheidungsaktionen als Maßstab herausstellen und die menschliche Handlung lenken. Werte bilden sozusagen die Grundlage der Normen.

Es kommt im Sport immer wieder zu moralischen Wertungen, etwa wenn ein Spieler einer Fußballmannschaft ausgerechnet gegen die Mannschaft ein Tor erzielt, von der er zur laufenden Saison zu seinem heutigen Team gewechselt ist. Dann ist häufig zu beobachten, dass die Spieler auf einen größeren Jubel „verzichten". Wettkämpfe im Sport sind wertgebundene Institutionen unserer Kultur und unterliegen neben dem Ergebnis auch immer spezifischen Wertungen. Wird gegen diese Erwartungen verstoßen, etwa wenn man bei der offensichtlich schweren Verletzung eines Gegners weiterspielt, reagieren die Zuschauer mit Empörung. Wer also in einem solchen Fall einfach weiterspielt, begeht damit zwar keinen strafbaren formellen Normenverstoß (gelbe oder rote Karte), verstößt damit jedoch gegen inoffiziell geltende moralische Normen.

Wert bezeichnet eine Zielvorstellung individuellen Handelns oder einen Maßstab der Beurteilung, unabhängig davon, ob die Zielsetzung oder das Beurteilungskriterium gesellschaftlich eingeführt ist oder nicht. Die empirische Wertforschung unterscheidet folgende **vier Wertdimensionen**:

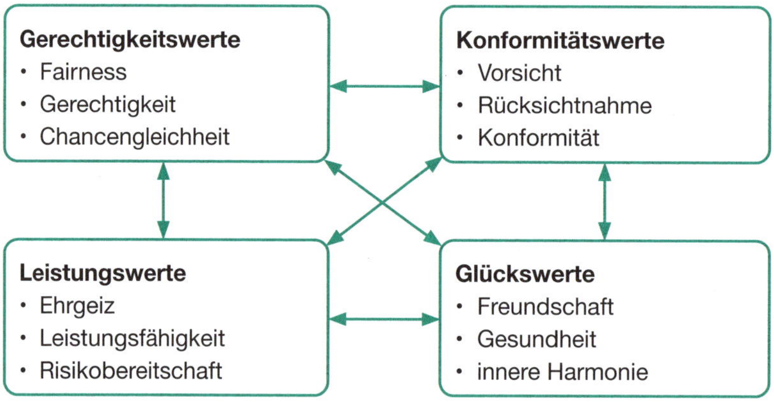

Beeinflussen diese Ihre Motivation Ihre Sportart auszuüben?

Individuelle Schülerlösung

Frage 6:
Erläutern Sie, welche Bedeutung dem Ehrenamt im deutschen Sport zukommt. Welche Probleme würden sich ohne ehrenamtliches Engagement der Vereinsmitglieder ergeben?

Das **freiwillige Ehrenamt** ist ein zentrales Kennzeichen der Sportvereine, man spricht eigentlich nur vom „Ehrenamt“. Der Sportverein ist von der Ehrenamtlichkeit seiner Mitglieder abhängig, welche die Unabhängigkeit von Staat und Wirtschaft absichern. Im Durchschnitt werden monatlich 21,1 Std. bei Übungsleitern und Trainern, 16,5 Std. bei Vorstandsmitgliedern und 12,5 Std. bei Helfern aufgebracht. Frauen sind beim Ehrenamt ihrem Mitgliederanteil entsprechend vertreten. Dies gilt jedoch nicht für Vorstandspositionen, die zu drei Vierteln von Männern besetzt sind. Junge Menschen und Jugendliche engagieren sich in erheblichem Maße als Mentoren, Übungsleiter oder Helfern.

Wenn das ehrenamtliche Engagement der Vereinsmitglieder wegfallen würde, wäre dies eine existenzielle Bedrohung für die Vereine. Kaum ein Verein, vor allem von den kleineren Vereinen, hätte genügend finanzielle Möglichkeiten, diese Tätigkeiten auch nur teilweise zu bezahlen. Seit Jahren verzeichnen die Vereine einen Rückgang des ehrenamtlichen Engagements, viele Ämter in den Vereinen bleiben unbesetzt oder werden von Notvorständen geleitet.

Frage 7:
Bilden Sie in Ihrem Sportkurs zwei Gruppen. Eine sammelt Argumente für die Einführung der blauen Karte (Zeitstrafe) im Fußball, die andere Kontraargumente. Diskutieren Sie dann in Ihrem Sportkurs diese Problematik.

Individuelle Schülerlösung

Frage 8:
Auf welche Elemente könnte man im Sport verzichten, ohne dass der Spaß am Sport oder die Fairness für alle darunter leiden würde? * Einhaltung der Spielregeln * Mitmachen ist wichtiger als Siegen * gegenseitiger Respekt * ein guter Gewinner sein * ein guter Verlierer sein * Chancengleichheit * *„the second place is the first looser"* ?

Individuelle Schülerlösung

Frage 9:
Erläutern Sie, was man unter Fairness im Sport versteht. Geben Sie Beispiele zu fairem Verhalten in Ihrer eigenen Sportart. Finden Sie Beispiele zu unfairem Verhalten.

Fairness ist eine Tugend und moralische Haltung zugleich. Man versteht darunter nicht nur die Einhaltung von Regeln, sondern versucht auch die sportliche Einstellung und die Beachtung des Geistes der Regeln zu erfassen. Fairness sollte aus eigenem Antrieb im Sport praktiziert werden. Die Fairness im Sport beeinflusst aber nicht nur die Akteure im Sport selbst, sondern auch die Menschen in ihrem Umfeld, wie Funktionäre, Wissenschaftler Journalisten etc. Man kann zwei Formen der Fairness unterscheiden:

1. Formelle Fairness: Einhaltung der Spielregeln (konstitutive Regeln)
2. Informelle Fairness: ethisch-moralische Haltung des Sportlers

Eine faire Handlung liegt nur dann vor, wenn der Sportler in seiner ganzen Einstellung sein Interesse an der Wahrung des Spiels als Spiel sichtbar werden lässt. Die faire Handlung oder Einstellung kann man einem Sportler nur ansehen, wenn er sie auch praktiziert.

Praxisbeispiele für faires und unfaires Handeln:

Wer z.B. einen Elfmeter im Fußball zurücknimmt, indem er dies beim Schiedsrichter klarstellt, dass er nicht gefoult worden ist, handelt fair. Im Gegensatz dazu ist das „Elftmeterschinden" (auch *Herausholen eines Elfmeters*) eine unfaire Handlung.

Zusammenfassend kann man Fairness folgendermaßen bestimmen:

- Fairness beinhaltet die Einhaltung der konstitutiven Regeln,
- die Beachtung der regulativen/strategischen Regeln und
- das Spielen-Wollen (die Regeln zur Spielidee) sowie grundsätzlich
- die Achtung des Geists der Regeln,
- zu einem fairen Verhalten im Sport gehört darüber hinaus die Befolgung der Urteile des Schiedsrichters oder Kampfrichters.

- Weiterhin hat Fairness mit dem Bemühen um Chancengleichheit und Chancengerechtigkeit zu tun sowie
- mit der Achtung des Gegners als Person und Partner, ohne den das Spiel/der Wettkampf nicht zustande käme.

Beispiel: Für sein Verhalten beim Fußball-Oberliga-Spitzenspiel der von ihm trainierten Stuttgarter Kickers bekam der Trainer *Ramon Gehrmann* viel Lob von seinen Kollegen für sein Fair-Play-Verhalten am 18. Oktober 2020. Dazu kam es durch folgende Aktion. Ein Kickers-Spieler hatte nicht gesehen, dass ein Spieler des FC Nöttingen verletzt am Boden lag und ein Mitspieler aus Nöttingen deshalb den Ball ins Aus beförderte, damit man sich um den Verletzten kümmern konnte. Der Kickers-Spieler warf den Ball zu seinem eigenen Mitspieler und aus diesem Angriff ergab sich ein Tor, gegen das jedoch die Nöttinger protestierten. Nach einer kurzen Absprache mit dem gegnerischen Trainer wies *Gehrman* sein Team an, ein Eigentor zu schießen.

Frage 10:
Welche Rolle spielt die Fairness bei Kindern auf dem Bolzplatz oder bei Thekenmannschaften bei einem Fußballturnier? Begründen Sie Ihre Entscheidung.

Grundsätzlich siehe dazu auch Antwort Frage 10: Auch auf dem Bolzplatz ist Fairness eine wichtige Tugend und moralische Haltung. Hier können die Kinder lernen und einüben, was es bedeutet, wenn man fair miteinander umgeht. Voraussetzung dafür ist, dass darüber Konsens besteht. Dazu müssen Kinder sich nicht zusammensetzen und dies besprechen. Es sollte sich im und durch das miteinander Spielen ergeben. Die Hoffnung richtet sich darauf, dass die Kinder daraus auch etwas für ihr tägliches Leben lernen.

Frage 11:
Warum benötigen Kinder auf dem Bolzplatz beim Kicken oder beim „Zocken" im Basketball keine Schiedsrichter? Wie reagieren sie bei einem Regelverstoß? Was könnten die Gründe für diese Reaktion sein?

Es geht um das freiwillige Erlernen von ethisch-moralischen Regeln. Obwohl diese nicht verschriftet sind und auch keinen offiziellen Sanktionen (durch Schiedsrichter) unterliegen, spielen sie dennoch bei Kindern oder bei Thekenmannschaften eine große Rolle. Man versteht darunter

Verhaltensweisen, die eine faire Ausführung der Sportart und -disziplin für alle Beteiligten sicherstellen. Auf folgende Weise werden sie in der Praxis wirksam:

- „Sei fair“
- Anerkenne Deinen Gegner als Partner
- Gewährleiste Chancengleichheit
- Achte auf die körperliche und persönliche Unversehrtheit Deiner Partner
- Schütze vor allem die Schwächeren
- Beachte die vereinbarten Regeln

Für die Einhaltung von Spielregeln sowie die Durchsetzung sind die Kinder bzw. Mitspieler selbst verantwortlich, weil keine Schiedsrichter da sind, die für die Einhaltung sorgen. Auf einem Bolzplatz gibt es grundsätzlich keine Schiedsrichter.

Jede Sportart konstituiert sich über ihre Regeln, wobei dazu alleine konstitutive und strategische Regeln nicht genügen. Sie wirken im Verbund mit den ethisch-moralischen Regeln. Die ethisch-moralischen Regeln sind quasi der „Kitt“, der alles zusammenhält. Regeln bieten auch Verlässlichkeit, denn jeder, der am Sport teilnimmt, gibt sozusagen ein Versprechen ab, dass er die Mitgliedschaftsregeln des Sportsystems einhält. Jeder Sportler geht davon aus, dass sein Partner ebenso aufrichtig bemüht ist, genau wie er selbst die Regeln des Sports einzuhalten. Regeln sind nie auf Dauer festgeschrieben, sie sind in einem gewissen Rahmen veränderbar.

Bei einem Regelverstoß müssen die Kinder selbst in der Lage sein, miteinander auszuhandeln, wie sie darauf reagieren wollen. Sie sind dabei nicht an eine übergeordnete Instanz gebunden.

Frage 12:
Wie reagieren Sie und Ihre Mitschüler/innen auf unfaires Verhalten im eigenen Sportunterricht?

Individuelle Schülerlösung

Frage 13:
Beschreiben Sie, wie sich Männer und Frauen im Hinblick auf Muskulatur und Krafttraining unterscheiden. Worin liegt der Hauptunterschied? Erläutern Sie möglichst genau.

Kraft und Krafttraining

Der Anteil der Muskulatur beträgt bei der untrainierten Frau 30–40 %, beim untrainierten Mann 40–50 %. In absoluten Zahlen bedeutet dies: Die Frau weist 23 kg Muskelmasse, der Mann 35 kg auf.

Die für die Kraftentwicklung eines Muskels wichtige Muskelfaserquerschnittsfläche ist bei der Frau deutlich kleiner. Muskelbioptische Befunde an 21 Mittelstreckenläufern und 13 Mittelstreckenläuferinnen zeigten, dass der Muskelfaserdurchmesser (Muskelfaserquerschnitt) der Frauen deutlich kleiner war als derjenige der Männer (vgl. *Hottenrott*. Die sportliche Frau. In: Gynäkologie, 2015, S. 6–10). Die Werte der Frauen lagen zwischen 54 und 80 % der Männerwerte. Relativ gesehen kann der Muskelquerschnitt von Männern um 20 % größer sein als der von Frauen. Frauen haben eine geringere Maximalkraft und Schnellkraft als Männer. Dies darf man jedoch nicht so interpretieren, dass Mann und Frau sich hinsichtlich der Trainierbarkeit der Kraftfähigkeiten unterschieden.

Der Krafttrainingseffekt für Rumpf-, Bauchmuskulatur sowie die Muskulatur der unteren Extremitäten ist bei beiden Geschlechtern annähernd gleich. Dies gilt nicht für die oberen Extremitäten, die bei Männern deutlich besser auf Training ansprechen: Die Werte, welche Frauen durch Training erreichen können, liegen nur zwischen 30 und 50 % der Männerwerte. Muskelgruppen, die überwiegend dynamische Bewegungsaufgaben ausführen, weisen eine geschlechterspezifische Differenz hinsichtlich der Größe der Trainierbarkeit auf.

Die Unterschiede im Krafttrainingsbereich lassen sich durch höhere Testosteronwerte erklären; Testosteron kurbelt den Eiweißstoffwechsel stark an. Training hat aber auch Auswirkung auf den Testosteronspiegel. Bei Leistungssportlern und Leistungssportlerinnen kommt es mit dem Anstieg der sportlichen Leistung zu einem Anstieg der Testosteronwerte. Männliche Ausdauersportler weisen gegenüber Sportlerinnen höhere Kraftausdauer und Schnellkraftausdauer auf. Frauen erreichen nicht die Maximalkraft und Schnellkraftwerte von Männern, die Werte liegen bei den Sportlerinnen um ca. 15–20 % unter denen der Sportler.

Frage 14:
Beschreiben Sie, wie sich Männer und Frauen im Hinblick auf kardiopulmonale Leistung und Ausdauertraining unterscheiden. Worin liegt der Hauptunterschied? Erläutern Sie möglichst genau.

Kennwerte des HKS	Frauen	Männer
Herzvolumen	500–600 ml	600–800 ml
Schlagvolumen	70–90 ml (max. Belastung)	110–130 ml (max. Belastung)
Herzminutenvolumen	12–14 l (max. Belastung)	18–20 l (max. Belastung)
Herzfrequenz	220 minus LA*/min	220 minus LA*/min
Herzgewicht	250–300 g	300–350 g
Kennwerte des Atmungssystems	**Frauen**	**Männer**
Atemtypus	Brustatmung	Bauchatmung
Atemfrequenz	14–18/min	12–16/min
Atemzugvolumen	ca. 400 ml	ca. 500 ml

Atemgrenzwert	110 l/min	160 l/min
Atemminutenvolumen (absolut)	90 l/min	110 l/min
Thoraxvolumen	4 l	5 l

*LA = Lebensalter

Frage 15:
Welche Leistungsunterschiede im Bereich der Leichtathletik der beiden Geschlechter sind Ihnen bekannt? Welche beim Schwimmen?

Der Großteil der Leistungsdifferenzen zwischen Mann und Frau sind nicht auf rein anatomische und physiologische Unterschiede, sondern auf traditionsbedingte Einflüsse zurückzuführen. In der **Leichtathletik** wird bei Mädchen wird die maximale Grundschnelligkeit im Alter von 14-17 Jahren erreicht, bei Jungen erst im Alter zwischen 18-22 Jahren. Ein spezifisches Schnelligkeitstraining sollte daher nicht vor dem 12. Lebensjahr begonnen werden. Auf der Kurzstrecke der Leichtathletik ergeben sich die Unterschiede nicht nur durch die geringere Körpergröße der Frauen sondern auch durch die geringere Muskelmasse. Auf der Langstrecke der Leichtathletik sind Frauen durch das geringere Herzvolumen, geringere Sauerstoffaufnahmekapazität sowie durch niedrigere Hämoglobinwerte im Nachteil. Im Ultralangstreckenbereich werden diese Nachteile bessere Fettsäureverbrennung überwiegend ausgeglichen.

In den Wurfdisziplinen haben Frauen die größte Verbesserung der Leistungen in der Leichtathletik erzielt. Die augenblickliche (2015) geschlechtsspezifische Differenz bei Läufen von 800m bis Marathon ergibt einen Wert von 11,6 %. In den kürzeren Sprintdisziplinen ist die Differenz um ca. 1,5 % geringer als in den Mittel- und Langstrecken Bei den Schnellkraftleistungen sind die geschlechtsspezifischen Unterschiede deutlich größer. Im Stabhochsprung ist die Differenz im Augenblick deshalb noch so groß, weil die Frauen erst seit 1999 an Weltmeisterschaften teilnehmen durften.

In den Schwimmdisziplinen können die Frauen unter allen Sportarten am nächsten an die Leistungen der Männer heranreichen. Folgende Vorteile bringen Frauen für das Schwimmen mit:

- geringerer Strömungswiderstand durch eine schmälere, rundere und daher mehr stromlinienförmige Figur
- bessere Auftriebsverhältnisse durch ein geringeres spezifisches Gewicht bzw. eine geringere Dichte
- größere Fettpolster, daher besserer Schutz vor Wärmeverlusten

Beim Schwimmen sind die Unterschiede etwas geringer als beim leichtathletischen Lauf, wobei mit zunehmender Schwimmstrecke die Unterschiede deutlich kleiner werden und bei 1500 m Freistil lediglich noch 5,6 % betragen. Durch die relativ geringen Unterschiede bestehen im Schwimmsport keine wesentlichen Unterschiede im Trainingsaufbau von Frauen und Männern.

Frage 16:
Erläutern Sie, was man unter Gender versteht. Was unter Gender Mainstream?

Sport und Gender

Die Körper- und Leistungsideale des Sports sind eng verknüpft mit Annahmen über Geschlecht. "Im Sport dominiert die Vorstellung einer eindeutigen Zweigeschlechtlichkeit und einer damit einhergehenden natürlichen Leistungsdifferenz; Männer gelten im Vergleich zu Frauen als größer, muskulöser und körperlich leistungsfähiger." Deutlich wird dies in Sportarten bzw. -disziplinen, welche in Frauenteams und Männerteams unterteilt sind und getrennte Männer- und Frauenwettbewerbe aufweisen. Dadurch entstehen quasi zwei Welten des Sports: eine des Männersports und eine des Frauensports. Geschichtlich gesehen ist diese Trennung in einem häufig (sport-) medizinisch begründeten defizitären Blick auf weibliche Körper, der vielfach den Ausschluss von Frauen legitimierte. Frauen durften lange Zeit nicht Fußballspielen, Ringen oder Gewichtheben. Auch Skispringen war bis vor ein paar Jahren den Frauen verboten.

Man geht davon aus, dass Frauen von Natur aus Männern im Sport unterlegen sind und nur in einer separaten Leistungsklasse erfolgreich sein können. Frauen spielen nicht Baseball sondern Softball, laufen im Biathlon kürzere Distanzen bestreiten einen Siebenkampf im Vergleich zum Zehnkampf der Männer. Auch sprachlich wird zwischen Frauenfußball und Fußball sowie Gewichtheben und Frauengewichtheben unterschieden. In der Sportberichterstattung sind Frauen stark unterrepräsentiert, nur 5 bis 15 % der tagesaktuellen Print- und Fernsehberichterstattung thematisieren einen von Frauen ausgeübten Sport. Diese mediale Unterrepräsentation erschwert für die Frauensportarten in der Folge die Suche nach Sponsoren. Die Bewertung von Schwulsein im Männersport ist eine andere wie Lesbisch-Sein im Frauensport.

Dass sich wenig im Sport ändert oder Veränderungsprozesse erhebliche Zeit in Anspruch nehmen hat z.T. mit mangelnder Genderkompetenz der Verantwortlichen und Handelnden zu tun. **Gender** wird im sprachwissenschaftlichen Gebrauch als Bezeichnung für das soziale Geschlecht und in Abgrenzung dazu sex als biologisches Geschlecht definiert. Geschlechterrollen in der Gesellschaft sind kein biologisches Phänomen, sondern stellen soziale Zuschreibungen dar. Genderkompetenz kann als die Fähigkeit und Motivation bezeichnet werden, soziale Zuschreibungen in Bezug auf Geschlecht auf Grundlage des Wissens über ihre Entstehung und Auswirkungen auf gesellschaftliche Machtverhältnisse kritisch reflektieren zu können.

Unter **Gender-Mainstreaming** versteht man eine gleichstellungspolitische Strategie, die zum Ziel hat, sämtliche Entscheidungen in einer Organisation kritisch auf ihre Auswirkungen auf die von geschlechterbezogenen Ungleichheiten unterschiedlich geprägte Lebensrealität von Frauen und Männern zu überprüfen und diesbezüglich bestehende Differenzen abzubauen. Da Gender Mainstreaming geschichtlich auf die internationale Frauenbewegung und ihre Forderung nach Gerechtigkeit zurückgeht, ist es zulässig ihr Anliegen grundsätzlich als im Kern emanzipatorisch zu beschreiben. Durch die Aufnahme des Gender Mainstreaming in den Amsterdamer Vertrag der Europäischen Union ist es in Deutschland für alle Bereiche der Bundespolitik und Bundesverwaltung verbindlich. Zielgruppe von Gender Mainstreaming sind alle Angehörigen einer Organisation.

Frage 17:
Erläutern Sie möglichst genau, welche Phasen der Teamentwicklung es gibt.

Phasen der Teamentwicklung im Sport

Damit aus einer losen Gruppe von Einzelsportlern eine Mannschaft entsteht ist ein Prozess notwendig, der eine gewisse Zeit in Anspruch nimmt. Teambildung (eng. Teambuilding) kommt eigentlich nie richtig zum Stillstand, sondern ist durch permanente Bewegung und Weiterentwicklung gekennzeichnet, welche durch externe und interne Faktoren beeinflusst werden kann. Im Profifußball können z.B. halbjährlich neue Mitspieler dazukommen. Während der 20 Jahre, die der Trainer Sir Alex Ferguson beim englischen Fußballrekordmeister Manchester United arbeitete, hatte dieser insgesamt 7 verschiedene Teams. Beim Teambuilding wird ein **vierstufiger Prozess** durchlaufen. In manchen Teambuildingmodellen geht man von einem fünfstufigen Modell aus, nämlich zusätzlich als fünfte Stufe von der Gruppenauflösung.

Stufe 1: Kennenlernen

Die einzelnen Sportler machen sich hier miteinander vertraut. Man checkt, ob man dazugehören möchte und welche Rolle man einnehmen könnte. Man knüpft erste Kontakte und stellt Beziehungen her. Um eine positive Anfangssituation herzustellen ist in dieser Phase eine gute Atmosphäre bzw. Stimmung notwendig.

Der Trainer (Coach, Übungsleiter) versucht in dieser Phase etwas über die einzelnen Motive u. Erwartungen der Sportler herauszufinden. Ergibt Orientierungshilfen und erläutert die ersten Regeln. Außerdem vermittelt er den Teammitgliedern seine eigenen Erwartungen und Vorstellungen.

Stufe 2: Konfliktphase

Hier kommt es häufig zu mehr oder weniger großen „Machtkämpfen", Konflikten, Widerständen, Aufbegehren gegen den Trainer oder die Gruppennormen. Es kommt zu Klärungen von Machtpositionen, es geht um Führungsansprüche und Findung der eignen Rolle im Team. Dabei ist die Rangordnung noch relativ unklar. Es kann dabei auch zu Streitereien kommen.

Der **Trainer** muss darauf achten, dass die Disziplin gewahrt bleibt und die Konflikte nicht ausarten. Er sollte die Stärken und Schwächen der Spieler nun besser kennen und beurteilen, wie er zu den Rolleneinnahmen steht. Die einzelnen Sportler finden langsam ihren Platz im Team, befassen sich mit der Rolle der übrigen Teammitglieder und stellen sich auf sie ein (vgl. *Baumann*. Mannschaftspsychologie. Meyer & Meyer Verlag, Aachen 2002).

Stufe 3: Festigungsphase

In dieser Phase ersetzen Solidarität und Kooperation die bisherigen Streitereien und Abneigungen. Dies ist gut zu erkennen bei Spitzenteams in der jeweiligen Sportart, wenn weitere „Stars" verpflichtet werden. Der Teamzusammenhalt (die Kohäsion) und die Zufriedenheit der Teammitglieder steigen, man ordnet sich dem gemeinsamen Ziel unter. Die Sportler akzeptieren ihre Rolle und zeigen im Umgang miteinander Respekt. Die Machtkämpfe um die Positionen im Team sind mehr oder weniger beendet und die Sportler engagieren sich, um ihre Rolle im Team effektiv zu erfüllen.

Stufe 4: Leistung

Das zentrale Ziel auf dieser Stufe ist der Erfolg. Streitereien sind beigelegt, die gesamte Energie wird gebündelt, um das gemeinsame Ziel zu erreichen.

In dieser integrativen Phase ist es sehr wichtig, dass **der Trainer** den einzelnen Spielern positive Rückmeldungen gibt. Er darf dabei keinen Spieler außer Acht lassen, sondern muss jedem das Gefühl vermitteln, seinen Teil zur Mannschaftsleistung beigetragen zu haben. Die Mannschaft verfügt über ein starkes „Wir-Gefühl"

In manchen Teambuildingmodellen geht man von einem fünfstufigen Modell aus, nämlich zusätzlich als fünfte Stufe von der Gruppenauflösung (Adjourning).

- **Zur Gruppenauflösung (Adjourning)**: Es kommt zur Gruppenauflösung oder Mitglieder verlassen die Gruppe. Rückblickend wird das Erreichte bewertet und entsprechende Emotionen wie Erleichterung oder Enttäuschung treten auf (vgl. *Güllich*, *Krüger* 2013). Diese fünfte Stufe wird eigentlich besonders von Sportgruppen bzw. Sportteams, die an einem Ligabetrieb teilnehmen, i.d.R. nicht erreicht. Sie ist v.a. im leistungssportlich ausgerichteten Sportbereich nicht relevant.

Im gesamten Teambuildingprozess wird deutlich, dass **Trainer** hier eine zentrale Rolle spielen, sie sind **Führungspersonen**, die Vertrauen zu ihren Mannschaftsmitgliedern aufbauen müssen. Die Kenntnis über die Stufen des Teambuildings ist daher wichtig für die Trainer, da sie dann auf jeder dieser Stufen gezielte Maßnahmen ergreifen können oder auch müssen, um den Teambuildingprozess positiv zu beeinflussen bzw. ihn zu lenken. Hier ist insbesondere die Sozialkompetenz des Trainers gefragt.

Es gibt fließende Übergänge zwischen den einzelnen Stufen des Teambuildings und nicht alle müssen zwangsläufig durchlaufen werden. Bei Mannschaften ist es in der Regel so, dass nicht für jede neue Wettkampfsaison gleichzeitig ein neues Team gebildet werden muss. Es kommen einzelne Spieler hinzu, die sich in das bereits existierende Team integrieren müssen. Der langjährige erfolgreiche Trainer des englischen Premiere League Clubs Arsenal London, der Elsässer Arsène Wenger, achtete z.B. stets darauf, pro Saison nicht mehr als 2 bis maximal 3 neue Spieler in das Team zu holen. Bei einer höheren Anzahl sah er Schwierigkeiten der Integration und der Teambuildingprozesse. Der ehemalige Bundestrainer des Deutschen Basketballbundes,

Chris Fleming, wählte seine neuen Spieler für sein damaliges Vereinsteam auch nach deren Charaktereigenschaften aus. Dafür verbrachte er in den ersten Tagen sehr viel Zeit mit den neuen Spielern.

Frage 18:
Was wären sog. „Teamkiller"? Versuchen Sie dazu Beispiele zu finden.

Aktionen	Erläuterungen
• **Egoismus**	• Ist nicht grundsätzlich schädlich. Ein gewisses Maß an Egoismus ist für die Mannschaft sogar förderlich. Es wird nur problematisch, wenn der Egoismus des Einzelnen zu groß wird, weil dann die Gefahr besteht, dass er seine eigenen Interessen über die der Mannschaft stellt.
• **Neid**	• Neidisch zu sein, ist etwas völlig Menschliches. Aber da Neid mit Missgunst verbunden ist, kann dies zu sehr kritischen Spannungen im Team führen. Dies insbesondere, da die wenigsten Menschen den Mut haben, ihren Neid offen anzusprechen. Man tuschelt lieber hinter vorgehaltener Hand und untergräbt dadurch den Mannschaftszusammenhalt.
• **Einflussnahme von außen**	• Innerhalb einer Mannschaft einen gemeinsamen Geist zu entwickeln, ist noch verhältnismäßig einfach. Wenn jedoch der Einfluss von außen (Eltern, Lebenspartner, Vorstand, Presse, Spielerberater) zu stark wird, kann dies nicht mehr gelingen. Die Interessen sind zu unterschiedlich, die Perspektiven zu egoistisch, als dass sich alles noch vereinbaren ließe. Deshalb müssen solche Einflüsse so stark wie möglich begrenzt werden.
• **zu viel Zeit miteinander**	• Wenn Sportler zu viel Zeit miteinander verbringen, gehen sie sich manchmal mehr oder weniger stark auf die Nerven. Bei Trainingslagern ist dies unter dem Begriff „Lagerkoller" bekannt geworden. Daher ist es wichtig, in Trainingslagern den Spielern auch genügend Zeit für sich selbst einzuräumen.
• **zu großer Konformitätsdruck**	• Ein zu großer Konformitätsdruck herrscht vor, wenn das Team zu wenig Individualismus zulässt. Das kann bei einzelnen Spielern zu Ausbruchtendenzen führen.
• **anhaltender Misserfolg sowie zu viel Erfolg**	• Spätestens nach drei Niederlagen in Serie sagte der langjährige Trainer des FC Arsenal London, Arsène Wenger, ist das Selbstvertrauen des Teams im Keller. Anhaltende Misserfolge bedrohen tatsächlich den Zusammenhalt, indem ein Zersetzungsprozess in Gang gesetzt wird. Über das Team kann der Einzelne kein Selbstwertgefühl mehr aufbauen. Er tendiert eventuell dann dazu, sich von der Gruppe zu distanzieren. Ist der Erfolg zu groß, werden viele Spieler ihren Anteil am Erfolg reklamieren und fordern dann höheres Gehalt oder mehr Spielzeit oder bringen sich bei anderen höherklassigen Vereinen zur Sprache.
• **Grüppchenbildung**	• Diese stellt zunächst einmal nicht unbedingt ein Problem dar, wird jedoch zum Problem, wenn die Cliquen immer weniger Kontakt zueinander haben, sich abschotten und die Grenzen undurchlässig werden. Es ist dann nicht mehr weit zu verdeckter Kommunikation, Neid und anderen hier aufgelisteten Teamkillern.

Aktionen	Erläuterungen
• **fehlende und verdeckte Kommunikation**	• Für gut funktionierende Teams bildet die Kommunikation ein wesentliches Grundelement. Die Kommunikation ist wichtig, damit sich die Teammitglieder austauschen können, sich mitteilen können und gemeinsame Ziele und Strategien vereinbaren können. Ohne offene Kommunikation, wenn nur noch verdeckt kommuniziert wird, fehlt dem Team die gemeinsame Basis. Die Wirkungen davon sind schnell zu erkennen. Häufig hört man nach Trainerentlassungen: „Der Trainer konnte die Spieler/ Mannschaft nicht mehr erreichen."
• **Konfliktvermeidung**	• Wenn Konflikte auftreten, sollten diese auch angesprochen werden. Wenn man Konflikten aus dem Weg geht, hat dies eine schädigende Wirkung für das Team, da die Probleme nicht gelöst, sondern nur übergangen werden. Dadurch gärt es unter der Oberfläche weiter und dies kann langfristig zu viel größeren Schäden führen. Man muss also den Mut aufbringen, Konflikte anzusprechen. In den meisten Fällen ist dies die beste Taktik für eine Verbesserung der Situation.
• **unzufriedene Reservespieler**	• Diese können eine Quelle der Unruhe für ein Team sein, die auf das gesamte Team übergreifen kann. Daher müssen der Trainer und auch die Mitspieler versuchen, diesen ihre Bedeutung für die Mannschaft klar zu machen (vgl. ***Linz***. Erfolgreiches Teamcoaching. Meyer & Meyer-Verlag, Aachen 2004, S. 103–105).

Frage 19:
Was versteht man unter dem Aufgabenzusammenhalt? Was unter der Gruppenkohäsion? Wie hängen die beiden miteinander zusammen? Erläutern Sie möglichst genau.

Teambuilding – Teamgeist – Kohäsion

In vielen Sportarten machen Trainer und Spieler den Erfolg oder Misserfolg daran fest, wie gut das Team funktioniert. Das geht so weit, dass man diese Kooperation und Kameradschaft im Team hauptsächlich für den Erfolg verantwortlich macht. Beim DFB ging man soweit, dass 2015 das neue Logo „Die Mannschaft" lautete, womit man diese Bedeutung auch nach außen hin demonstrieren wollte. Den Mannschaftszusammenhalt oder Gruppenzusammenhalt bezeichnet man auch als **Kohäsion**. Es gibt zwei Kräftedimensionen, die auf Sportler einwirken, um Mitglieder im Sportteam zu werden oder zu bleiben:

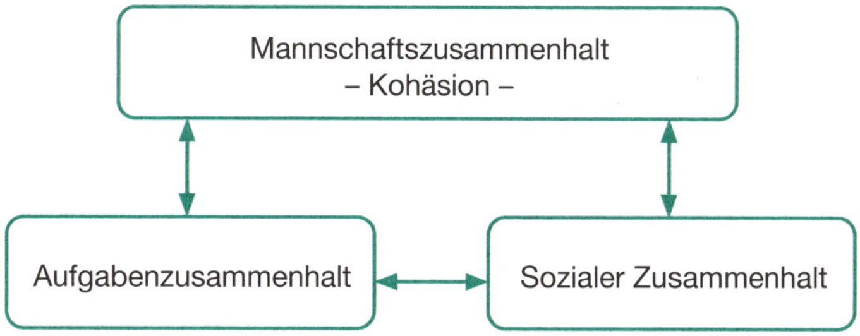

Der **Aufgabenzusammenhalt** beschreibt das Ausmaß, in dem eine Mannschaft zusammenarbeitet, um eine gemeinsame Aufgabe zu erfüllen und gemeinsame Ziele zu erreichen. Während bei leistungssportlich orientierten Teams der Aufgabenzusammenhalt dominiert, steht bei Freizeitgruppen (z. B. Thekenmannschaften) oder Feierabendmannschaften der zwischenmenschliche Bereich, der sog. **soziale Zusammenhalt**, im Vordergrund. Für leistungsorientierte Teams ist er selbstverständlich auch wichtig, damit keine unnötige Energie durch Reibungsverluste im zwischenmenschlichen Bereich den Aufgabenzusammenhalt negativ beeinflusst. Der soziale Zusammenhalt stützt und trägt den Aufgabenzusammenhalt.

Mannschaftssportarten wie Handball, Basketball, Fußball oder Volleyball, die ein hohes Maß an Interaktion, Kooperation und gegenseitiger Unterstützen erfordern, erreichen am häufigsten positive Beziehungen zwischen Zusammenhalt (Kohäsion) und Leistung. Leistung scheint den späteren Zusammenhalt zu stärken und dies wiederum beeinflusst die weitere Leistung. **Gruppenkohäsion** ist ein dynamischer Prozess, der sich im Bestreben einer Gruppe zeigt, zusammenzuhalten und zum Zweck der Erreichung ihrer Ziele und Zwecke vereint zu bleiben.

Wesentliche Ergebnisse der Kohäsionsforschung sind:

- Man hat keinen oder sogar einen negativen Zusammenhang zwischen Kohäsion und Leistung bei additiven oder summativen Sportarten gefunden (Tischtennis, Judo, Tennis, Rudern).
- Positive Zusammenhänge zwischen Kohäsion und Leistung kann man eher zwischen Aufgabenzusammenhalt und Leistung als zwischen sozialem Zusammenhalt und Leistung feststellen.
- Leistung scheint eine stärkere Wirkung auf den Zusammenhalt zu haben als Zusammenhalt auf Leistung.
- Die Beziehung zwischen Zusammenhalt und Leistung ist wechselseitig, das bedeutet, Leistung stärkt den Zusammenhalt, dieser wiederum führt zu verbesserter Leistung

Kohäsion wirkt sich dort positiv auf die **Mannschaftsleistung** aus, wo es sich um Teams handelt, die eine abhängige Aufgabenstruktur aufweisen, also ein Maß an wechselseitigen Interaktionen gegeben ist, wie im Volleyball, Basketball, Handball, Hockey oder Fußball. Hier kann man einen positiven Leistungseffekt durch hohe Kohäsion feststellen.

Frage 20:
Geben Sie Beispiele aus dem Sportbereich zu additiven Teams, summativen Teams und interaktiven Teams. Erläutern Sie, wie die Leistung dort jeweils zustande kommt.

Bei additiven Mannschaften, bei denen der Erfolg durch die Addition der Einzelergebnisse der Sportler zustande kommt, ist Kohäsion für die Mannschaftsleistung weniger wichtig: Tischtennis, Tennis, Judo oder Karate. Bei leistungsorientierten Teams beeinflusst nicht die Kohäsion die Mannschaftsleistung, sondern umgekehrt eher der Erfolg/Misserfolg die Kohäsion.

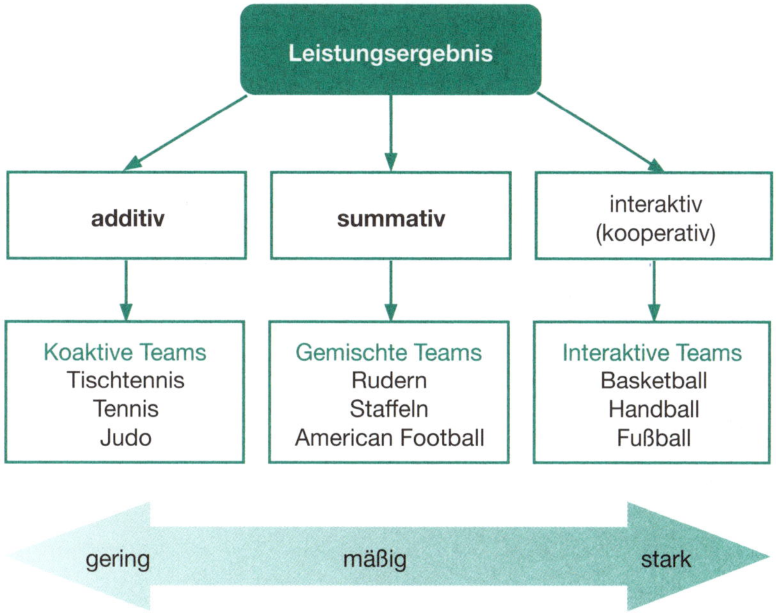

Ausmaß des erforderlichen Aufgabenzusammenhalts

Mitglieder fühlen sich in Gruppen mit hoher Kohäsion zufriedener; die Wahrscheinlichkeit, dass sie dem Sport den Rücken kehren, ist dort geringer.

Tischtennis- oder Tennismannschaftsspiele kann man nicht alleine gewinnen oder verlieren. Durch Addition der gewonnenen und verlorenen Spiele ergibt sich der Sieger bzw. Verlierer. Um in den Mannschaftsspielen Basketball, Handball oder Fußball erfolgreich zu sein, muss man mit seinen Mannschaftskollegen kooperieren. Man kann quasi ein Spiel nicht alleine bestreiten. Dies gilt auch für summative Teams, denn beim Ruder-Achter kann sich nicht einer der Ruderer für eine geringere Zugfrequenz entscheiden oder sich zwischendurch „ausruhen", indem er ein paar Schläge aussetzt. Bei Ruderern oder Rennkajakfahrern ist es nicht möglich, nach einem Sieg einen einzigen Sportler hervorzuheben und ihm Sieg oder Niederlage zuzuschreiben.

Frage 21:
Erläutern Sie, was einzelne Sportler für die Kohäsion in einem Team tun können? Erläutern Sie dazu die einzelnen Aspekte.

Um den Teambuildingprozess und die Kohäsion zu unterstützen, kommt es bei jedem einzelnen Teammitglied auf Folgendes an:

Aktionen	Erläuterungen
• **sich untereinander kennenlernen**	• Es ist für die einzelnen Teammitglieder einfacher, individuelle Unterschiede zu tolerieren, wenn sich die Teammitglieder untereinander besser kennen.
• **gemeinsame Ziele setzen und sich dazu bekennen**	• Der Trainer sollte keine Ziele ausgeben, ohne dass alle Teammitglieder diese akzeptieren. Es muss bei allen die Bereitschaft vorhanden sein, dafür zu kämpfen und die eigenen Ziele hintenanzustellen, zu verändern oder unterzuordnen. Dadurch übernehmen alle Teammitglieder Verantwortung für die Aufgabenstellung. Dann ist der Trainer im Falle des Misserfolgs nicht der Alleinschuldige. Gemeinsame Verantwortung für eine Niederlage kann sich positiv auf das Mannschaftsgefüge auswirken, um es dann beim nächsten Mal besser zu machen.
• **sich verstehen und miteinander reden** • **(effektive Kommunikation)**	• Eine effektive und lebhafte Kommunikation innerhalb der Mannschaft gehört zu den wichtigsten Faktoren, um den Mannschaftszusammenhalt zu stärken. Die Teammitglieder sollen sowohl im Sport als auch außerhalb offen miteinander sprechen. Sie sollen sich zuhören, sich aufeinander konzentrieren und sich gegenseitig bei der Lösung von Problemen helfen. Je stärker die Kommunikation wächst, umso mehr entwickelt sich auch der Zusammenhalt.
• **einander helfen und loben**	• In einer Mannschaft sind die Teammitglieder aufeinander angewiesen. Dadurch dass man sich gegenseitig hilft, stärkt man den Teamgeist und dies wiederum führt zu einer Kontaktverbesserung.
• **Verantwortung übernehmen**	• Wenn sich Schwierigkeiten oder Misserfolge einstellen, sollten sich die Mitglieder nicht beschweren, sondern konstruktiv an den Veränderungen zum Positiven mitwirken, um sich selbst wieder auf den richtigen Weg zu bringen. Jeder übernimmt eine ihm angemessene Verantwortung und keinesfalls darf man die Schuld bei anderen suchen.
• **sich gegenseitig unterstützen**	• Wenn Teammitglieder eine Formkrise durchmachen, verletzt waren oder private Probleme haben, brauchen sie die Unterstützung der anderen Teammitglieder. Deren Unterstützung trägt wesentlich mehr dazu bei, wieder Normalform zu erreichen, als negativ oder kritisch zu sein oder Ärger über deren Schwächen zu zeigen.
• **Offenheit gegenüber dem Trainer**	• Je offener und ehrlicher das Verhältnis zum Trainer gestaltet wird, umso größer sind die Chancen, ein erfolgreiches und harmonisches Team zu werden.
• **sich 100-prozentig einsetzen**	• Es wirkt ansteckend auf die anderen, wenn Spieler mit gutem Beispiel vorangehen. Volle Einsatzbereitschaft, vor allem auch im Training, trägt dazu bei, den anderen näher zu kommen. Wenn man sich anstrengt, beweist das, dass man seine volle Kraft für die Mannschaft zur Verfügung stellt.
• **Konflikte sofort ansprechen**	• Wenn Teammitglieder Beschwerden haben oder untereinander streiten, sollten sofort Initiativen ergriffen werden, um die Situation zu klären und die Sache zu bereinigen. Es ist wichtig, Konflikte und Probleme sofort zu lösen bzw. zu beseitigen, da sich Konfliktpotenzial anstaut, das sich explosionsartig entladen und den Zusammenhalt gefährden kann (vgl. *Baumann*: Mannschaftspsychologie. Meyer & Meyer Verlag, Aachen 2002, S. 63–65)

Frage 22:
Was kann ein Trainer für die Kohäsion tun? Erläutern Sie die einzelnen Aspekte.

Wenn die Interaktionen und die Kommunikation zwischen Trainer und Teammitgliedern von Offenheit und Ehrlichkeit geprägt sind, können **Trainer den Teamzusammenhalt** auf vielfältige Art und Weise stärken.

Aktionen	Erläuterungen
• **effektive Verständigung**	• Ist eine der wichtigsten Faktoren für die Schaffung eines optimalen Mannschaftszusammenhalts. Dies gilt sowohl für den Bereich des Sports als auch für die Bereiche außerhalb des Sports. Der Trainer muss den Spielern zuhören und offen mit ihnen kommunizieren. Er muss sich auf seine Spieler konzentrieren und ihnen bei der Lösung von Problemen helfen.
• **Klarstellen der Rolle jedes Einzelnen für den Teamerfolg**	• Der Trainer muss allen Teammitgliedern ihre Rolle aufzeigen und die Bedeutung für die Mannschaft und den Erfolg hervorheben. Sehen immer mehr Teammitglieder ihre Rolle als unwichtig an, werden sie apathischer und spannungsloser. Die Rolle muss für die Mannschaft erläutert werden, und der Trainer muss dafür sorgen, dass der Spieler die Chance hat, sich in das Team einzubringen. Man muss sich auch in die Rolle des anderen hineinversetzen können. Die Spieler sollen aus den Fehler der anderen lernen und die Schwierigkeiten dieser Rollen erkennen. Dadurch verstärkt sich die Empathie und die Bereitschaft zur gegenseitigen Unterstützung wird gestärkt.
• **Förderung des Stolzes innerhalb der Mannschaftsteile**	• Auch Spieler mit sog. Wasserträgerfunktion sollen stolz auf ihren Beitrag zum gemeinsamen Erfolg sein. In Tischtennismannschaften, die z. B. eine hierarchische Struktur aufweisen, sollen auch die Spieler des hinteren Paarkreuzes stolz auf ihren Beitrag zum Gesamterfolg sein. Denn: „Ohne uns Underdogs seid auch ihr chancenlos!"
• **Setzen von Teamzielen, die alle fordern**	• Die Ziele sollen so formuliert werden, dass gleich zu Beginn klar ist: Alle Teammitglieder sind gefordert. Auch den Ersatzspielern kann aufgezeigt werden, dass ihre Anwesenheit zum gemeinsamen Erfolg sehr wichtig ist. Diese Ziele der Mannschaftsteile sollen sich mehr an den Fähigkeiten der Spieler orientieren und weniger an den Ergebnissen. Ein Führungsspieler sorgt zum Beispiel für Ordnung und Ruhe in hektischen Situationen. Flexible einsetzbare Spieler erfüllen Funktionen, die weniger spektakulär, aber für die Einheit des mannschaftlichen Geschehens notwendig sind.
• **Vertiefen der Teamidentität**	• Die Identität des Teams wird in der Abgrenzung und im Vergleich mit anderen entwickelt. Dies können sein: gemeinsame Kleidung, gemeinsame Rituale zum Beispiel vor Spielbeginn oder nach Spieleende, gemeinsame Zusammenkünfte oder gemeinsame Normen, sich vor dem Wettkampf abklatschen, sich Glück wünschen. Dies verstärkt die Identität und den Zusammenhalt. Dennoch sollte der optimale Individualisierungsgrad des Einzelnen und die Identität der Mannschaftssteile nicht beeinträchtigt werden.

Aktionen	Erläuterungen
• **Verhindern des Entstehens sozialer Cliquen**	• Die Bildung von Cliquen und Grüppchen kann sich sehr negativ auf den Zusammenhalt auswirken. Diese bilden sich häufig, wenn das Team verliert, wenn die Erwartungen nicht erfüllt werden und dadurch Frustrationen entstehen oder wenn der Trainer Sportler unterschiedlich viel Aufmerksamkeit zuwendet, sodass sich von ihm falsch behandelte Spieler zusammentun und sich von den anderen entfernen. Grüppchenbildung wirkt sich meistens negativ und störend auf das Team aus. Der Trainer sollte daher möglichst früh den Grund herausfinden, um dies zu verhindern. Dies kann durch Zimmerbelegung auf Reisen geschehen oder dadurch, dass der Spieler mit anderen Aufgaben betraut wird.
• **Vermeidung zu häufigen Personalwechsels**	• Zu häufiger Personalwechsel verhindert, dass sich die Spieler untereinander kennen lernen und gegenseitigen Kontakt aufbauen können. Die Einordnung in die Mannschaftshierarchie oder das eigene Rollenverständnis für die Aufgabe und die Funktion der anderen wird erschwert. Wenn neue Spieler hinzukommen, sollten ältere oder erfahrenere Spieler dabei helfen, die Neuen im Team zu integrieren. Neuankömmlinge sollten in offener und ehrlicher Art erfahren, welche Erwartungen die Mannschaft an sie und ihre Aufgabe stellt. Der langjährige Erfolgstrainer des FC Arsenal London, ***Arsène Wenger***, spricht sich aus diesem Grund für nicht mehr als 2–3 neue Spieler pro Saison aus.
• **Ansetzung regelmäßiger Teamzusammenkünfte**	• Es sollten Möglichkeiten existieren, um über Probleme und Konflikte zu diskutieren, bevor diese zu ernsten Störungen heranwachsen. Das Team kann seine internen Konflikte nur lösen und seine Reserven nur dann mobilisieren und innovative Handlungen vollbringen, wenn die Möglichkeit besteht, seine Erfahrungen immer wieder neu zu bewerten. Nur so kann man aus Fehlern lernen, neue Ziele finden, andere Wege einschlagen oder die Beibehaltung des Bewährten diskutieren. Dazu kann es günstig sein, dass sich der Trainer auch einmal zurückzieht, um die Teammitglieder sich selbst zu überlassen und sich hinterher über das Ergebnis informieren zu lassen.
• **sensibel bleiben für die Atmosphäre im Team**	• Der Trainer sollte im Laufe der Zeit ein Gefühl dafür entwickeln, ob die Spieler offen miteinander umgehen oder ob versteckte Animositäten, Missstimmungen, Streitbereitschaften oder schwelende Konflikte den Zusammenhalt bedrohen. Denn: Es ist schwierig auf Probleme der Spieler angemessen zu reagieren, wenn man sie nicht kennt! Erfahrene Teammitglieder oder Mannschaftsführer können dem Trainer dabei helfen. Ein guter emotionaler Kontakt zwischen Trainer und Team schafft die Möglichkeit, Ideen, Meinungen und Gefühle, also alles, was im Team vor sich geht, zu erkennen und für weitere Aufgabenstellungen zu berücksichtigen.
• **Wissen um Persönliches**	• Teammitglieder mögen es, wenn sich der Trainer auch für Dinge außerhalb ihres Lebens im Sport interessiert. Kleine Events wie Geburtstage oder familiäre Veränderungen zeigen, dass die Teammitglieder ihrem Trainer nicht gleichgültig sind. Der Trainer sollte auch über negative Ereignisse wie Scheidung, Beziehungsprobleme, Schul-, Studien- oder Berufsprobleme Bescheid wissen und sich Zeit nehmen, um seinen Spielern zuzuhören.
• **Konflikte sofort lösen**	• Wenn ein Konflikt sofort gelöst wird, bietet sich die Chance für gemeinsame Maßnahmen. Je früher der Konflikt erkannt wird und gelöst werden kann, desto geringer ist die Gefahr, dass er sich schließlich explosionsartig entlädt.

Aktionen	Erläuterungen
• **Vorbild sein**	• Der Trainer muss seine Vorbildfunktion erfüllen. Er kann nur Disziplin erfordern, wenn er selbst diszipliniert ist. Man kann Spieler nicht zu respektvollem Verhalten ermahnen, wenn man sich nicht selbst respektvoll verhält. Auch das Eingestehen von Fehleinschätzungen oder Fehlern gehört zur Vorbildfunktion eines Trainers. Dadurch erfahren die Spieler, dass der Trainer ehrlich ist und versucht, seine Arbeit für das Team stets als neue Herausforderung zu erfassen (vgl. ***Baumann***. Mannschaftspsychologie. Meyer & Meyer Verlag, Aachen 2002, S. 65–69)

Frage 23:
Erläutern Sie das Vier-Ohren-Modell von *Schulz von Thun* möglichst genau.

Vier-Ohren-Modell der Kommunikation nach *Schulz von Thun*

Nach *Schulz von Thun* gibt es in der Kommunikation einen **Sender**, der etwas sagt bzw. mitteilt. Diese Nachricht ist an den **Empfänger** gerichtet, der diese Nachricht entschlüsseln muss. Wenn die gesendete Nachricht und die empfangene Nachricht übereinstimmen, hat eine Verständigung stattgefunden. Ganz so einfach, wie sich dies anhört, ist es in der Praxis natürlich nicht, denn ein und dieselbe Nachricht kann mehrere Botschaften gleichzeitig enthalten. Genau darin liegt die Grundproblematik der Kommunikation. Es gibt nämlich nicht nur die Sachinformation, sondern drei weitere Botschaften.

1. Sachinhalt – worüber ich informiere

Jede Nachricht enthält eine Sachinformation. Wenn es um eine Sachinformation geht, sollte diese auch möglichst im Vordergrund stehen.

2. Selbstoffenbarung – was ich von mir selbst kundgebe

In der vom Sender übermittelten Nachricht sind nicht nur Sachinformationen enthalten, sondern auch Informationen über die Person des Sprechers. Es geht somit um Selbstoffenbarung des Senders, eine Art Selbstdarstellung als auch um eine mehr oder weniger bewusste Selbstenthüllung. Diese Seite ist psychologisch äußerst heikel.

3. Beziehung – was ich von dir halte und wie wir zueinander stehen

Mit der Nachricht wird auch übermittelt, was der Sender vom Empfänger hält und wie er zu ihm steht. Aspekte können die gewählte Formulierung, der Tonfall und andere nichtsprachliche Begleitsignale sein.

Wichtig: Für diese Seite der Nachricht hat der Empfänger ein besonders empfindliches Ohr!
Durch diese Botschaft der Nachricht fühlt sich der Empfänger in einer bestimmten Weise vom

Sender behandelt oder misshandelt! Man drückt in seiner Nachricht an den anderen auch immer aus, in welcher Beziehung man zu ihm steht.

4. Appell – wozu ich dich veranlassen möchte

Man sagt nicht nur etwas so dahin, sondern möchte häufig mit dem Gesagten Einfluss auf den Empfänger nehmen. Das Gesagte (die Nachricht) hat also den Zweck, den Empfänger dazu zu bringen, bestimmte Dinge zu tun oder zu unterlassen, zu denken oder zu fühlen.

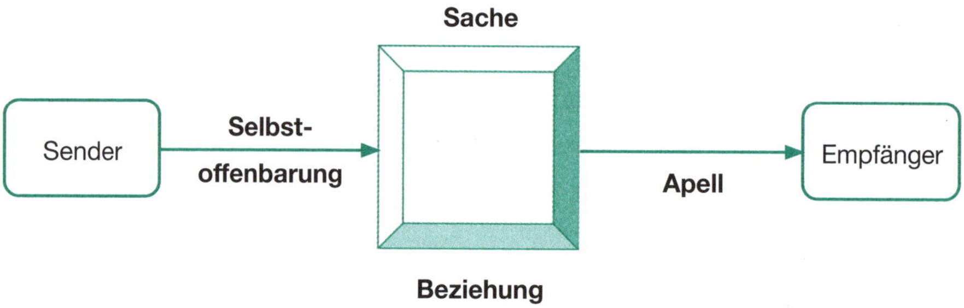

Die 4 Seiten (Aspekte) einer Nachricht – ein psychologisches Modell der zwischenmenschlichen Kommunikation.

Weitere Bücher für Schule und Verein

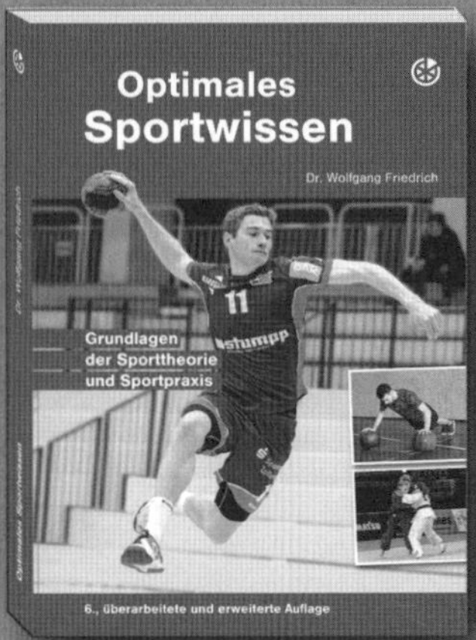

Optimales Sportwissen

Das Lehrbuch für Schülerinnen und Schüler sowie Lehrkräfte für das Leistungsfach Sport in der gymnasialen Oberstufe. Es orientiert sich am Bildungsplan Baden-Württemberg und liegt nunmehr in der 6. Auflage vor. Das Buch wurde dazu in mehreren Kapiteln überarbeitet, ergänzt und gleichzeitig neu strukturiert. Schülerinnen und Schüler können anhand von Leitfragen sich einen individualisierten Bezug zu verschiedensten Themen erarbeiten. Lehrkräfte finden darin aktuell aufbereitete fachliche Informationen. Auch erhalten sie dadurch Orientierung für ihren Theorieunterricht im Leistungsfach Sport, besonders in Verbindung mit dem neuen Lösungsbuch und den dazu neu entwickelten Arbeitsblättern. Thematisch ist das Lehrbuch sehr breit angelegt, wobei die Sportpraxis immer im Blick behalten wurde.

Dr. W. Friedrich, ISBN 978-3-96416-092-8, Umfang 532 Seiten, EUR 34,90

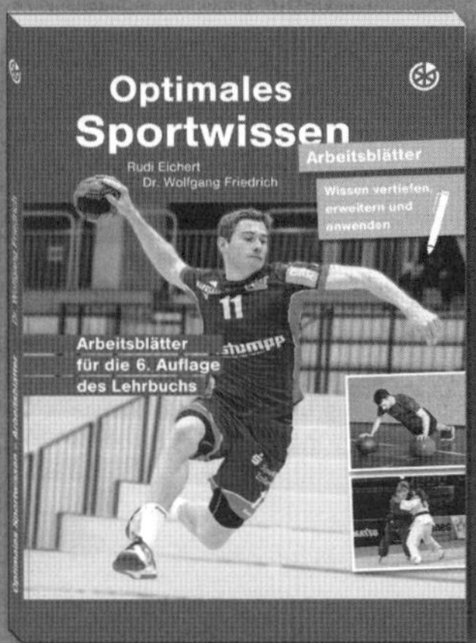

Optimales Sportwissen **Arbeitsblätter**

Durch die zum Lehrbuch „Optimales Sportwissen", 6. Auflage, neu entwickelten Arbeitsblätter können Schülerinnen und Schüler sich selbst intensiv mit den Themen des Lehrbuchs auseinandersetzen, sowie neue Informationen dazu erlangen und diese verarbeiten.

Die Arbeitsblätter erscheinen in elektronischer Form beim Neuer Sportverlag.

Informationen und Bestellmöglichkeit unter www.neuersportverlag.de

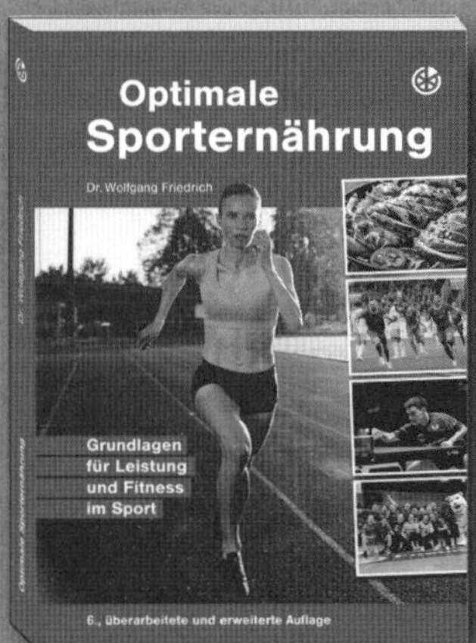

Optimale Sporternährung

Grundlagen für eine bessere Leistung und Fitness im Sport

- praxisbezogene Darstellung aller wichtigen Erkenntnisse wissenschaftlicher Ernährungsstudien
- sportartangepasste und praxiserprobte Ernährungspläne für Wettkampf und Training in zwölf verschiedenen Sportarten als Vorlage für SportlerInnen, TrainerInnen sowie BetreuerInnen für die direkte Anwendung in der Praxis in folgenden Sportarten/Disziplinen: Basketball, Fußball, Judo, Karate, Radsport, Schwimmsport, Tanzsport, Tennis, Tischtennis, Leichtathletik und Volleyball
- liefert ausgewählte Menüpläne (z.B. zum Muskelaufbau, zyklusorientierte Ernährung bei Frauen) und Rezeptvorschläge

Dr. W. Friedrich, ISBN 978-3-96416-098-0, Umfang 472 Seiten, EUR 39,90